SOMOS AGUA

Cómo acompañar los aprendizajes en la infancia a través de propuestas motivadoras con recursos acuáticos

MARTA RODRÍGUEZ BARTOLOMÉ

saralejandria
ediciones

Del texto:
Marta Rodríguez

Perfil profesional:
@ Marta_n_marte

Diseño de edición:
Elena Torres Andrés

De la presente edición:
Grupo Sar Alejandría S.L

Edita:
Saralejandría Ediciones

ISBN: 978-84-10105-17-1
Depósito Legal: CS 75-2024

GRACIAS A MI MADRE POR ENSEÑARME A SER HIJA,

GRACIAS A MIS HIJAS POR ENSEÑARME A SER MADRE.

PRÓLOGO

Somos agua y venimos del agua. Por eso, el agua proporciona vida y constituye una armonía con la naturaleza y un fluir espontáneo de sensaciones. El agua es precursora de sabiduría y pureza: un elemento vital en el acompañamiento a la infancia.

> Conocer la naturaleza del agua es entender la fuerza básica de la vida, que avanza gracias a su flexibilidad, resistencia y movimiento e interioriza un dinamismo interno, un ritmo, un equilibrio.

Los avatares de la vida no son derivas, sino un río que nos lleva a algún sitio, aunque aún no lo sepamos.

El agua, como metáfora de tiempo, tal cual clepsidra o reloj de agua, es el reflejo de nuestra rutina y devenir cotidiano.

El crecimiento inherente de la infancia cuya realidad es su propia huella en el cristal del agua. De tacto suave, firme y efímero a la vez.

VIVIR ES FLUIR.

Un orden universal que existe en cada gota como parte de un todo infinito.

Un universo de sentidos polifacéticos.

El rumor del agua nos atrae, nos envuelve, nos arrastra, nos conmueve.

El agua se siente, pero traspasa más allá de lo visible. Es inevitable, por ello, considerémosla dentro de las pedagogías invisibles que existen, aunque no la podamos poseer, somos conscientes de su existencia y manifestación.

Honestos con nuestras propias consecuencias sobre ella, liberamos nuestros instintos cuando la pensamos, percibimos, interpretamos y transformamos.

Todo está conectado. Somos agua y el agua llama al agua hermana, allende los mares.

Por tanto, debemos ofrecer a los niños y niñas en la escuela una relación vinculada, consistente y firme. El agua representa el sosiego y calma que transmite el eco de la voz y la energía desprendida en cada uno de sus movimientos. Fragilidad y fuerza a la vez. Suavidad y rotundidad al mismo tiempo.

En la infancia todo cabe, "no hay esponjas ni lienzos en blanco"; los infantes son seres plenos y capaces, y como tales, desean y se merecen ser atendidos de esta manera.

Un viaje de lo concreto a lo abstracto, ya que el término "agua" nos ha de permitir transportarnos por las diferentes dimensiones del pensamiento infantil. De lo cercano a lo lejano, del interior al exterior, de la gota al aire que respiramos. Todo es agua, lo que vemos e imaginamos.

Las criaturas capitanean su barco de la vida tal cual grumetes; a veces con el viento en contra, otras con la marea baja, y precisan de que sus personas adultas de referencia las acompañen con cariño y generosidad al ritmo del vaivén de las olas y disfrutando cada día de ese viaje, como algo único y verdadero. Somos el agua de esas olas vivenciadas, y como el agua nos vamos y volvemos.

Sus acompañantes debemos satisfacer las necesidades auténticas e intereses espontáneos de las criaturas en la escuela y en sus hogares, enfocando nuestra atención en ellas y ellos sin dejar escapar los agentes extraordinarios que envuelven su conexión con este elemento agua. Revisando espacios con asiduidad, concretando las propuestas y experiencias, los escenarios de juego y la recreación de ambientes por los que navegan cada niño y cada niña, y, por tanto, divisando los siguientes factores a tener en cuenta:

Factor curiosidad: Atentos/as a su mirada, a su gesto, a su reacción, a su deseo.

Factor motivación: Pendientes de su interés, de sus necesidades, de su entusiasmo, de su risa.

Factor sorpresa: Cuidando la belleza, la cohesión, el orden, los impactos sensoriales.

Factor emocional: Conectados/as a sus sentimientos, a su voz, a su piel.

Al entrar en un jardín, en un aula, por los pasillos de la escuela o salir a un patio, se oye su murmullo. Prestémosle atención, ya que nos cuenta historias pasadas, sentimientos emergentes y deseos de lontananza.

Desde el ámbito de la educación, es interesante el despertar y profundización en esta posibilidad, que trasladada a la escuela, nos puede aportar grandes sorpresas y recursos para el trabajo en el aula.

Todo lo expresado a continuación es fruto de un largo trabajo de búsqueda de las similitudes que el elemento agua presenta con la infancia.

Primeramente, y a través de la observación directa en las niñas y los niños, que nos plantean retos tanto personales como profesionales, se ha deducido que, de lo simple, cercano y cotidiano se pueden abastecer también las fuentes pedagógicas que alimentan los contenidos educativos durante un curso. A veces, podemos caer en la retórica, lo extravagante, lo exagerado e incluso en lo banal sin darnos cuenta que estamos rodeados de estrategias, en ocasiones invisibles a nuestros ojos físicos. Si nos dejamos llevar por otras llamadas más internas y primitivas, podemos ofrecer mucho más a los pequeños y pequeñas en nuestras aulas y nuestras casas.

A todos los especialistas en educación infantil nos gusta avanzar, crecer con las criaturas, pero se nos suele olvidar que son ellos y ellas los que determinan la eficiencia o no del proyecto que se les plantea. En las edades de entre cero a tres años, los niños y las niñas absorben lo que tienen cerca y aunque si solo se les acompañase en sus aprendizajes, sin otra finalidad que la de la propia evolución, llegarían al mismo punto que otros que están estimulados al máximo. Son capaces de crear por propia energía vital debido a que la naturaleza humana, en su más tierna infancia, tiene la capacidad de sacarle el jugo al entorno. Eso es supervivencia, aún en los tiempos que corren. Los niños y las niñas están llenos y son plenos. Lo que necesitan es tiempo, valioso y reconocido, para fluir.

Por eso y tras unos años pensando en cuales son los mejores métodos de enseñanza para estas edades, una se da cuenta que la propia vida es la que aporta lo necesario. No hay métodos, porque eso aprieta, estruja y oprime; el hábitat natural, aparte de proporcionar esa vida, es creativo en su origen y nos aporta la sustancia necesaria para que con un poco de originalidad, los niños y las niñas y las personas adultas que aprenden con ellos y ellas se diviertan y se enriquezcan en la tarea educativa.

Aquí se cuentan unas experiencias, vividas y disfrutadas en plenitud *in situ*, en una *escuela de educación infantil*, a modo de recorrido en su curso escolar, sin más pretensiones que aportar otra visión a la conciencia educativa actual y esperando que sirva a quien lo lea como inspiración, ayuda, complemento y reflexión a la loable y entregada misión de las/los educadoras/es y maestras/os.

índice

LO QUE EL AGUA NOS CUENTA

CAPÍTULO 1

LOS SENTIDOS DEL AGUA

El agua es un regalo de la naturaleza; podemos verla, oírla, tocarla, olerla y saborearla. Completa la humanidad de la persona y se puede utilizar como mediador de sentimientos y aprendizajes.

Todos conocemos el agua como líquido casi omnipresente y elemento que le da vida al mundo, sabemos de los beneficios que aporta, y también sus estados que pueden ser sólido, gaseoso, y líquido. Pero, son pocos los que le sacan provecho verdadero al agua. Si todos pudiéramos rentabilizarla, la vida en la tierra mejoraría considerablemente.

El agua parece previsible, pero siempre esconde sorpresas, pues está llena de misterios. En una sola gota, se admira la vida que late en ese corazón líquido de agua. Todo fluye. La naturaleza está formada por agua, pasando de lo místico a lo real. El agua se va abriendo camino, inventando e imaginando lugares nuevos a su paso, según el entorno por el que transcurre y quien lo habite, como pasa en los niños y las niñas, creando en su recorrido escenarios de gran belleza.

El agua nos trae la vida: rompemos aguas para nacer, la bebemos para vivir, nos purifica; el agua brota de nosotros y nosotras para emanar sentimientos, se torna encarnada para completar cada ciclo de luna, nos hace rebosar de amor cuando nos emocionamos y se mezcla con otros fluidos. El agua nos mantiene latiendo y volvemos a ella al final del curso de la vida, a través de la naturaleza, de una manera u otra, por medio de las raíces invisibles que nos unen a la tierra.

Los sentidos del agua aparentemente no se ven, pero si se investiga en su interior y se expone a experiencias, finalmente expresa su idiosincrasia. Su simplicidad primeramente transmite calma y tranquilidad, pero a su vez, recoge una gran complejidad como el del pensamiento humano, que, particularmente, es de vital importancia para las criaturas en sus primeros años de vida.

¿CUÁLES SON LOS MISTERIOS DEL AGUA?

Uno de los misterios y tal vez el más sorprendente del agua, es sin lugar a dudas, su memoria, porque se cree que el agua es capaz de almacenar información.

Es importante mencionar el conocimiento de este recurso natural, su uso y cuidado y, en consecuencia, su mal uso como repercute en el individuo, física y mentalmente.

¿Podemos imaginarnos el mundo sin agua? Pues lo mismo sucede con los niños y las niñas. Unos y otros significan el origen y están conectados. Ambos son influenciables por los materiales y elementos que les rodean: como ya hemos resaltado, poseen memoria y acumulan información, dejan huella a su paso y tienen una respuesta inmediata a todo aquello que les toca, reflejándose cuando transmiten sus vibraciones. Pero también son influenciadores, indómitos e imprevisibles, libres y capaces de recorrer su propio camino.

Existen varias experiencias e investigaciones del escritor japonés Masaru Emoto que contextualizan esta idea, y cada cual que lo interprete a su manera. El agua vibra (con los sonidos ambientales y la música). El agua se transforma (según su momento estacional, el sentir de quien la toca o su paso por diferentes entornos).

En definitiva, el agua siente.

Trabajando entorno al agua en sus diferentes estados y las sensaciones que provoca, los niños y las niñas experimentan propioceptivamente los contrastes que van surgiendo con otros elementos: texturas, temperaturas, sonidos, movimientos, objetos...; y se puede hacer un recorrido que podría ser el mapa de las emociones a partir de los descubrimientos que este rico elemento nos ofrece.

Y partiendo de un trabajo directamente definido en un grupo de clase, se podría concretar de la siguiente manera (como una experiencia real durante los tres cursos que duró esta observación e investigación):

SOMOS. Y AGUA TAMBIÉN. CONOCER ESTE ELEMENTO A TRAVÉS DE LOS IMPACTOS

Los niños y las niñas son agua, vienen del agua, y en estas edades tan tempranas son tan maleables como este líquido dentro de los objetos, cambian y fluyen en libertad con los materiales que se les ofrece.

El agua nos une a la vida. Es un fluido suave y tranquilizador, pero si nos relacionamos con ella con resistencia duele. Las personas necesitamos agua para vivir y todos los seres vivos sobre y bajo la tierra la necesitan, pues colabora en sus procesos. El agua nos regala nueve meses de nuestra vida, aunque después ya no se nos permite esa simbiosis. Debemos aprender a relacionarnos con ella durante el crecimiento.

Al principio del trabajo en el aula, el proyecto se puede centrar en la similitud del agua y las criaturas y en su capacidad de adaptarse y transformarse, de ajustarse al entorno que lo rodea e influenciarlo al ejercer su acción sobre ellos. Nos centraremos principalmente en el periodo de acogida de los niños y las niñas en la escuela, ofreciéndoles diferentes posibilidades expresivas a través de la manipulación y el contraste de materiales y texturas (investigando con los alimentos y el juego de experimentación).

Continuaremos el proyecto basándonos en las necesidades de las criaturas, que como el agua, ha de ser contenida, trabajándolo a través de los límites, para canalizar sus impulsos vitales (utilizando actividades sonoras y de trasvases).

Finalmente, aprovechando otra cualidad del agua similar a la de los infantes, sería su deseo de fluir y recorrer nuevos entornos. Avanzar y expandirse, dejando a su paso una huella, a veces efímera, que va y viene, y otras veces profunda y duradera, que facilitará el proceso de cambio y transformación que los niños y las niñas pasan (matizado en el momento de separación y el cambio de clase).

Y hablando de adaptación, de resiliencia, ya sea a la escuela o en cualquier otro entorno, puesto que el individuo está siempre adaptándose o readaptándose; los niños y las niñas necesitan que cuando afronten este momento se les acompañe y contenga. Para ellos y ellas es algo difícil y si se les ofrece alternativas de expresión, podrán conquistar y superar sus dificultades individuales.

Por ello, si consideramos el agua como símbolo para las criaturas, observamos que pasan por diferentes estados y emociones; así como los reflejos que en ellas produce, por lo que es importante tener en cuenta lo que podríamos denominar "reflejos de sí mismos".

Podemos utilizar un elemento motivador de guía que acompañe en su despertar y primer crecimiento como grupo y que les acompañará durante todo el curso. Este elemento tendrá un espacio localizado en el aula, o en espacios comunes de la escuela, y se complementará con los materiales más significativos trabajados en la clase, que puede tener canciones alusivas e identificativas para que las niñas y los niños aprendan a jugar con él. De este modo, centraremos el juego hacia una serie de experiencias y propuestas que les permitan reconocer el nuevo espacio y establecer relaciones sólidas con los que les rodean: masajes, actividades con agua y creaciones artisticas, el cesto de los tesoros y el juego heurístico (*).

(*Referencias de los libros de Tere Majem, Pepa Òdena y Elinor Goldschmied) Para aquellos que no conozcan este recurso, aprovecho para hacer un inciso y una pequeña explicación referente a ello: El cesto de los tesoros y el juego heurístico, son unas propuestas de juego para niños entre 6 y 12 meses y 12 a 24 meses, respectivamente. En el primer caso, debido a que los pequeños aún no se desplazan demasiado, se les ofrece un cesto, cesta, o contenedor hecho de materiales naturales y lleno de objetos. Estos materiales han de tener unas cualidades determinadas de seguridad para las criaturas, por lo que se ha de procurar desechar todo material de plástico durante esta actividad. Al que se podrán acercar para investigar libremente. Ha de ser una tarea exploratoria y de manipulación autónoma para que descubran y exploren los elementos que se les ofrecen y examinen sus cualidades, potenciando su atención y su innata curiosidad. En el juego, la diferencia es que se crea un corro que luego las criaturas pueden decidir romper o mantener, y se les aporta materiales más concretos, aunque a todos los mismos. Cada sesión consta de dos partes claras: la de exploración y combinación de los objetos y la recogida, en la que también se ponen de manifiesto tareas de construcción del pensamiento (seriar, apilar, clasificar...). Tanto en uno como en el otro, la persona adulta no dirige, sino que observa y acompaña a la vez que hace una valoración reflexiva de cada sesión, siendo una actividad casi igual de gratificante tanto para adultos como para pequeños.

Concretando con el tema de nuestro proyecto, si se elige este recurso como procedimiento activo en el aula, se pueden combinar con algunos materiales acuáticos, como envases trasparentes con agua teñida, elementos de trasvase, bolsas de agua fría y caliente y elementos de baño y cocina con elementos naturales o que el propio entorno nos regala, como superficies, masas y barros, o extractos de la naturaleza.

El agua como una fantasía; libre y sin prejuicios.

Fomentaremos también la implicación de las familias en el funcionamiento del aula, tanto con su participación en los momentos de intercambio, en las re-uniones, fiestas y otros encuentros, así como en la aportación de materiales que se usarán en las clases.

Así pues, si el agua nos hace sentir, en este libro nos sumergiremos en ella como elemento continuo, relacionado con los ritmos en las niñas y los niños respecto a su alimentación y sueño, espacios, su vínculo con los/as educadores/as y otros niños y niñas...; con el fin de sorprenderlos y acompañarlos ante determinados contrastes de sensaciones.

Se consolida de esta manera la idea de que los seres humanos, y en concreto cuando son pequeños, tienen una excepcional capacidad de cambio y transformación, así como de sorprenderse ante los impactos que procedan del exterior. Las criaturas reflejan y son reflejo creciente de sus capacidades personales, sobre todo cuando el entorno adulto que les rodea les permite desarrollarse en un equilibrio de autonomía, curiosidad y comunicación.

Esconden muchos secretos y hay que otorgarles la oportunidad de que otros los descubran. ¿Qué mejor que el entorno escolar para darlo a conocer a través de presentaciones que muestren estos recorridos vitales en similitud al elemento agua? Utilizar las entradas a la escuela para ambientarlas con objetos de su dinámica cotidiana y que, a su vez, hagan más sutil y pausado este momento para a aquellos que entran y salen en su frenético ritmo. Por ejemplo: *Un mar* como hilo conductor que comunique todas las clases por el pasillo, que envuelva los pasos de ida y vuelta y permita a las familias valorar el trabajo continuo y de conexión entre todas las edades de la escuela; *un circuito acuático,* que invite a los niños y a las niñas a interactuar en él, *una muestra fotográfica* que sumerja al espectador en un sinfín de sentimientos... Y así como muchas otras dinámicas que cada uno de los que se dispongan a poner en práctica esta humilde y a su vez, grandiosa experiencia, puedan confeccionar. Pensando siempre que para las niñas y los niños todo es novedoso y maravilloso; porque ya lo decía aquel, "todo es según el cristal con que se mire... o en el agua en que uno se refleje."

No olvidemos que nosotros también hemos sido pequeños y pequeñas, y esto es una de las muchas cosas que nos iguala a todos los seres humanos. Nuestra infancia marcó el inicio de lo que somos ahora, y es por eso que debemos ayudar a las generaciones que vendrán en este viaje fundamental que formará los pilares de su realidad.

CAPÍTULO 2

EL AGUA EN DIFERENTES CIVILIZACIONES DEL MUNDO

Cierto es que el agua, como elemento natural, fluye con libertad por todos los ambientes y entornos sin mirar estatus social, económico, cultural o racial de las personas. Es libre, pero está al alcance de todos y gobierna sin dominar. A lo largo de la vida, las personas son las que deciden como este factor influye en sus vidas. Según las prioridades de cada uno, el agua será interpretada de una forma u otra: Como instrumento, como generador de vida, como entretenimiento, como recurso tecnológico, como vehículo, o como moderador de las condiciones humanas. Deberíamos abstraernos en su significado y considerar el agua como algo más que lo que se ve, aprender de ella sin necesidad de caer en el misticismo, pero buscándole su vertiente más profunda o espiritual independientemente de las creencias de cada uno.

Y como este libro pretende compartir con sus lectores y lectoras una serie de reflexiones que han hecho posible un planteamiento desde el punto de vista didáctico en la escuela infantil, lo que se quiere transmitir es como se extraen una serie de aplicaciones dentro del entorno escolar, que en los tiempos que corren, y por la condición necesaria de traspasar a las niñas y a los niños generación tras generación, unos conocimientos de conciencia global, nos hace abordar este proyecto aprovechando algo tan cercano y cotidiano como es el agua.

Sería interesante también hacer mención, no solo a nuestro punto de vista occidental, sino indagar en otras formas de interiorización que el ser humano ha tenido con este elemento. Con tal fin, se pueden rescatar algunas reflexiones que los expertos y expertas han propuesto en diferentes foros como en la Exposición Internacional de Zaragoza del 2008, convenciones de la UNESCO, blogs locales…, esperando que sirva como otro parámetro de percepción.

La relación de las tradiciones religiosas con el agua, su papel y su simbolismo se pueden observar a lo largo de la historia: en la mitología griega, las civilizaciones egipcia y centroamericana, en el budismo, en las tradiciones animistas y el cristianismo, el islamismo, el taoísmo e hinduismo.

> Durante siglos, se ha atribuido al agua distintos usos y creencias. A veces se la ha relacionado con magia, y se ha creído que tiene poderes sobrenaturales.

El agua es un elemento presente en todas las culturas por ser el elemento que hace posible la vida. Así se muestran los planteamientos sobre la relación entre las tradiciones religiosas y este elemento vital.

Véanse hoy en día, a pesar de la evolución de la tecnología, como en culturas orientales aún se aferran a una comunicación sensorial y conectada con su simbología ancestral y su escritura con agua que proyecta mensajes esperanzadores de cómo valorar el momento "ahora", el instante en el que ocurren las cosas, las miradas y esencias que nacen y mueren al mismo tiempo sin desperdiciarlo en añoranzas pasadas y deseos futuros.

Tal y como es la pureza de la infancia, son factores de explosión de emociones permeables.

Culminando con esta presentación, y acercándolo al ámbito escolar, se puede plantear el agua, también, como un elemento integrador y multicultural que puede enmarcarse en un trabajo con las familias de las diferentes nacionalidades que hoy en día comparten la vida de las criaturas en las aulas. ¿Qué es el agua para cada una de ellas? Con dibujos, poesías, narraciones autóctonas, objetos que la pueden contener… y así disfrutar de las vibraciones que ello representa en toda la comunidad educativa universal.

CAPÍTULO 3

EL AGUA PARA LAS PERSONAS ADULTAS

EL AGUA Y LOS SUEÑOS

Gastón Bachelard apuntó en su obra *El agua y los sueños* que «la *liquidez* nos parece el deseo mismo del lenguaje. El lenguaje quiere correr. Corre naturalmente. Sus sobresaltos, sus peñascos, sus durezas son intentos más ficticios, más difíciles de naturalizar.»

En un texto extraído de un cuento de Gabriel García Márquez expresa:

—La luz es como el agua -le contesté-, uno abre el grifo, y sale.

Gabriela Mistral se refiere a ella como el refugio de la infancia y la identificación, al reconocerse indígena en el poema "Beber".

El agua para Virginia Wolf y Alfonsina Storni, que pensaron que era más fácil o más romántico dejarse llevar por esta, así lo expresaron e hicieron diluyéndose en el líquido elemento. Poeta una. Escri-

tora la otra. Se adentraron en sus obras lentamente, como en el espeso líquido grisáceo y denso que las fue circundando. Y el agua abrazó sus cuerpos, y fue su transparente morada en el abismo azul. ¿Y después? Tal vez silencio. El eterno lenguaje sordo, del agua. Agua. Tan sólo agua.

Cada persona puede concebir una idea propia cuando se le pregunta si sueña con el agua. ¿Qué significa? Uno no elige lo que sueña, el sueño viene a nosotros como el agua a la orilla y después decidimos si la seguimos o nos quedamos a recibirlo otra vez.

El soñar es avanzar, es crecer, es resolver conflictos, es colocar lo que se siente, es alejarse, es navegar en nuestro inconsciente. Es también abandonarse confiando en la soledad, en el silencio... y asemejándose al agua. Para soñar de verdad hay que ser osados, atreverse a querer y desear algo más, no solo conformarse y esperar a que se rompa la marea de la vida frente a nuestra mirada.

EL AGUA PARA LOS, LAS EDUCADORES,AS Y LAS FAMILIAS

Es sabido que el agua ejerce una mágica atracción, pero, ¿solo en las criaturas?. Cuando queremos relajarnos, solemos pensar en paisajes paradisíacos, el murmullo del oleaje, un arroyo fluyendo... para abstraernos del ruido ambiental, el ritmo frenético y el cansancio emocional. Pues pensemos en ello una vez más.

Aunque no siempre estas sensaciones son positivas, ¿por qué nos asusta?

Es cierto que el agua puede jugar un papel comprometido y ponernos al límite, porque es libre, se nos escapa de las manos, nos desborda y nos envuelve, aparece en nuestros sueños o pesadillas... y no siempre comprendemos las leyes de Newton o Einstein respecto a su tensión superficial, la gravedad y su movimiento. Cada uno puede sacar sus propias conclusiones, pero desde los aspectos más básicos y de andar por casa, deberíamos concebir este elemento como aquello que se nos a otorgado, a modo de préstamo para extraer de nosotros y nosotras las cualidades más primarias y que nos sirven para poder entender algunos de los misterios de la vida: que las cosas, las energías, y las materias nacen, se desarrollan y desaparecen; pero a su vez, el círculo vuelve a regenerarse una y otra vez.

Fotografía: Anastasia Shuraeva

31

Si se hiciese un estudio concienzudo o un programa de investigación en la edad adulta sobre aquellas experiencias vividas en la infancia y que con el paso del tiempo se han ido olvidando, subestimando o descartando de nuestros pensamientos, el agua sería interpretada inconscientemente por las personas adultas como un crisol de sentimientos y experiencias, un elixir para suavizar los contratiempos de la vida cotidiana o una huella que deja la herencia del contexto socio-afectivo que nos rodea.

¿Por qué alejarnos de esta cualidad sin meditar sobre ello? La edad infantil es aquella en la que se quedan los posos y se establecen los cimientos de nuestra personalidad, y es necesario avanzar en su estudio y aprovechamiento para extrapolar dentro de las aulas en las que crecen nuestros niños y niñas, ciudadanos del futuro.

Nosotros, los y las educadores y educadoras en el aula podemos trasladar estos entornos a las criaturas y aprender a bucear en la magnitud de posibilidades que nos aporta a la tarea educativa. Que no sea solo el planteamiento de los meses calurosos del final del curso, sino que desde que las niñas y los niños entran en la escuela se vean envueltos por el vaivén de las olas del aprendizaje. Debemos perder el miedo a investiga, por muy pequeños que parezcan, pero sin pasarnos de extravagantes a la hora de plantearles invitaciones lúdicas y propuestas. Las personas adultas debemos ponernos en su lugar recordando cuando teníamos su edad, y proyectar así lo que sentíamos. Si vamos más allá de la realización de un taller multitudinario y a lo grande, lleno de cubos, juguetes y agua por todas partes, en el que las criaturas se empapan y corremos por cambiarlos cuanto antes, mirando el reloj para no llegar tarde a la hora del recreo; y somos conscientes y lo pensamos, lo disfrutamos, con los protagonistas, las criaturas, puede convertirse en algo muy placentero.

Uno de estos magníficos talleres que en la escuela se nos ocurren, puede durar, ¿por qué no?, varios días o varias semanas en el que los niños y las niñas van saliendo poco a poco, aprendiendo a respetar y controlar el espacio, el material y a sus compañeros y compañeras. Pasando primero por la explosión y el desfogue y llegando después al encuentro ancestral con este prodigioso elemento. Porque recordemos que el agua está en todas partes.

Y desde casa, las familias también pueden utilizar esos momentos tan gratificantes, aunque en ocasiones relegados a las prisas, y convertirlos en pequeñas aventuras mediante el baño diario en casa, la elaboración de una receta o el cuidado de las plantas del jardín.

Fotografía: Sasha Martynov

CAPÍTULO 4

EL AGUA
PARA LAS CRIATURAS

> «Porque, a veces, el llanto es un viaje que empieza como un fuego y se convierte en agua.» (Carmen Sara Floriano, del álbum ilustrado Como Agua.)

Tendremos en cuenta que el *AGUA* es un recurso tan vital que permite a los niños y a las niñas recordar, convertir y transmitir a partir de él muchos sentimientos y vivencias; y cuando se pone en marcha este proyecto también es para experimentar con ellos las sensaciones intrínsecas a las que nos lleva cuando exponemos nuestros sentidos a este elemento.

Un ejemplo evidente, como decía Loris Malaguzzi, «hay lluvias y lluvias». Las que molestan e inquietan a las personas adultas, y las lluvias vistas por los ojos de los niños y las niñas. La lluvia que nos encierra y atrapa, o la lluvia que nos permite explorar, sentir y reír. La lluvia nos ofrece un paisaje sensorial y un equipaje para experimentar con el agua que corre y que se absorbe.

Cien (o mil) oportunidades como cien lenguajes, como una invitación infinita, como abrir la puerta a la imaginación y a la magia. (Reflexiones extraídas de un post de *"Ver Pensar Sentir"*).

Agua, que puede ser entendida desde la visión de las criaturas: **A** de acción, **G** de grandiosidad, **U** de unión universal, y **A** de alegría, la que les produce a los pequeños la oportunidad de experimentar con este neutro elemento.

El agua nos une con nuestros orígenes. Nacemos del agua, ya en el vientre materno nos movemos en ella. Nos alimentamos de agua... y haciendo un ejercicio de recuerdo, durante el baño de un bebé se declinan un montón de sensaciones agradables. En definitiva... *somos agua*.

Y como tal, todas las criaturas comparten con ella sus cualidades más evidentes:

Se adapta al entorno que la rodea (toma la forma de lo que la contiene: dentro de un vaso, una jarra, una tubería...), al igual que los niños y las niñas en el periodo de acogida a la escuela.

Fluye libremente y con fuerza para conquistar nuevos caminos, aunque necesita que se le marque el camino (el caudal de un río para no desbordarse), del mismo modo como las niñas y los niños necesitan límites y normas para establecer su contexto social y relacionarse.

Se une a otras aguas que la complementan y agrandan para seguir circulando por su recorrido natural (las gotas de lluvia en un charco, del río al mar, y del mar al océano), tal y como los niños y las niñas aprenden nuevas habilidades, establecen vínculos con aquellos quienes les rodean y esto les permite evolucionar hacia el cambio, la distancia, y el avance (cambios corporales y emocionales, paso a otra aula, de la escuela al colegio).

Si se les observa con detenimiento y se les presta la máxima atención, los infantes son como gotas de agua: diferentes, sonoros, transparentes, y vulnerables... pero a su vez, el agua es pura energía y fuerza, igual que los niños. Poniéndose en evidencia su simbiosis, su dualidad, su magnetismo más puro, que según vamos creciendo parece que se nos va olvidando. Si fuéramos coherentes con esta realidad, a lo mejor nos sentiríamos más felices en la edad adulta.

Está claro que el agua desencadena en la cultura de infancia una gran excitación, atracción por manipularla, deseos de conquistarla, frustración por no poderla retener en sus manos... y todo esto les ayuda a estructurar su personalidad y profundizar en sus ámbitos de desarrollo.

¿EL LENGUAJE DEL AGUA O EL AGUA ES COMO EL LENGUAJE?

«El agua habla sin cesar y nunca se repite.»

(Octavio Paz)

Como cada una de las palabras que empiezan a emitir las criaturas, las primeras son como joyas en forma de gotas, tímidas y ligeras, pero irrepetibles y necesarias para crear un manantial que fluya de sus bocas.

El lenguaje infantil se crea cuando a las niñas y los niños se les envuelve en palabras, se les balancea en ellas, como en una marea de sonidos que poco a poco van tomando sentido para ellos.

Como un mar interior, el equilibrio corporal depende de una importante cantidad de fluidos que circulan en el interior del oído. Gracias a esa marea viva que nos recorre podemos sostenernos en pie, damos los primeros pasos y aprendemos a avanzar, a caer y a levantarnos. Hay conductas innatas en nosotros como balancearnos en el agua, hacerla girar, quedarnos absortos observando sus hondas... y esto, ¿qué nos sugiere?, ¿a qué nos recuerda? El control y el descontrol, el mareo antes de aterrizar... permite al individuo reconocer sus propios límites y forma parte del aprendizaje interno del ser humano.

Y todo esto nos lleva a la comprensión de que el lenguaje en las edades más tempranas está íntimamente relacionado con las experiencias de todos y cada uno de nosotros. Además de estar condicionado por factores socioambientales y fisiológicos. Como en una escena acuática, esta también depende del entorno que la rodea y pre-

dominará tanto sus cualidades como sus beneficios matizados con sus influencias externas. En definitiva, un niño o una niña aprende a hablar si se le habla, igual que aprende a respetar el agua si se le expone a una relación con esta de manera experimental, constructiva y neutral.

EL AGUA EN LOS CUENTOS

Siendo la narración de historias una herramienta pedagógica muy utilizada y necesaria para que las criaturas empiecen a conocer y a interpretar las primeras relaciones y situaciones del mundo real, a través de la fantasía y su propio y naciente imaginario colectivo; identificándose, pensado como un conjunto de imágenes que se interiorizan en base a los cuales miramos, clasificamos y ordenamos nuestro entorno. Estas representaciones interiores son tan importantes que, prácticamente, regulan nuestra vida. Todos esperamos que las relaciones humanas se ajusten a nuestras imágenes mentales, por ejemplo: la familia, la amistad, la pareja, incluso el mundo natural es visto bajo estos parámetros.

No siendo este el caso en el que analizaríamos subjetivamente la finalidad y los entresijos psicoanalíticos de los cuentos que contamos a nuestros niños y niñas, por lo tanto, me limitaré a hacer referencia a aquellos en los que el elemento agua aparece, en un momento u otro de las escenas de cada historia, valorando sus posibles interpretaciones. El criterio particular, acompañado de respeto y coherencia, nos permitirá seleccionar y ofrecer a las criaturas aquellas narraciones más adecuadas, las que se podrán adaptar y encajar a las necesidades de cada situación.

Fotografía: Robbe Jaspers

Como ejemplo podrían ser citados algunos textos de la cultura tradicional literaria, y sus adaptaciones, en los que el agua denota y contrasta con los demás aspectos de la historia, existiendo muchas otras posibilidades de identificación:

◇ *Los siete cabritillos y el lobo. – Hnos. Grimm (como liberación)*

◇ *El agua de vida. – Hnos. Grimm (como sanadora)*

◇ *El gallo Quirico y Garbancito. - A. R. Almodóvar (como purificación)*

◇ *El patito feo y La sirenita - H. C. Andersen (como la protección del hogar)*

◇ *La gota de agua. – H. C. Andersen (como satisfacción de la curiosidad)*

Así como las variadas fábulas tradicionales y universales (con sus contundentes moralejas).

Del mismo modo en que contamos con muchos de los títulos que actualmente se publican para la literatura infantil, en los que también maravillosas ilustraciones acompañan sus textos, algunos libros de poesía infantil facilitan a los más pequeños el poder bailar y balancearse en torno a las gotitas de agua que se entremezclan con sus primeras palabras (M. Benedetti, G. Mistral, G. Fuertes, M. Benegas, B. Giménez de Ory...).

Y véanse algunos álbumes ilustrados como ejemplo:

◇ *Nadarín. (Como superación y fortaleza)*

◇ *La gota de agua. (Como trabajo de la pérdida y el duelo)*

◇ *Gato y pez. (Como tolerancia a la diversidad)*

◇ *Como pez en el agua. (Como la diversidad)*

◇ *La ola. (Como creatividad)*

◇ *El sol, la luna y el agua. (Como el origen de la vida)*

◇ *Pescadoras. (Como la superación de dificultades)*

◇ *Una casa para el cangrejo ermitaño. (Como la amistad)*

◇ *Don Caballito de mar. (Para la coeducación)*

◇ *Como pez fuera del agua. (Como en los miedos)*

◇ *Como agua. (Como las emociones)*

◇ *Una casa bien abierta. (Como hogar)*

Hagamos pues una lluvia de cuentos y dejemos que los niños se empapen de las miles de historias que les llegan y les permiten desarrollar su imaginación.

Siempre es buen momento para contar un cuento con sentimiento.

Fotografía: Jill Burrow

LA DIDÁCTICA DEL AGUA

CAPÍTULO 5

EL AGUA EN EL ENTORNO ESCOLAR

De donde partir, dónde nace la corriente que nos lleva a planificar las secuencias o las escenas de juego donde las criaturas disfruten y se desarrollen. Sin olvidar nunca que todas y todos hemos sido niñas y niños, que son personas, como nosotros y nosotras, pero mucho más unidos y unidas a las raíces, a los orígenes y a lo intrínseco de las emociones. En la infancia se siente y se hacen las cosas con otra intensidad, se JUEGA la vida, se juega el espacio en el que se mueven, así cada individuo se vincula y relaciona con lo que verdaderamente importa.

Las Pedagogías Activas nos acercan al entendimiento desde el respeto y el acompañamiento, y las personas adultas aprendemos de las criaturas mediante la observación y reflexión y nos permite conocer el germen de sus necesidades, intereses, inquietudes y curiosidades. A partir de ahí, los maestros y maestras deben ser quienes les proporcionan experiencias, para que, sin

juicios, expectativas ni premisas, sean ellas y ellos los que lo exploren, investiguen, jueguen, y tengan espacio a tomar decisiones y equivocarse, pues favorece su verdadero y genuino crecimiento emocional, físico y cognitivo.

En un enfoque educativo alternativo que ofrece una nueva mirada sobre la infancia, lo ideal sería con dos educadoras/educadores por aula que se dan apoyo y median todo el tiempo en un sentido latente, creando un espacio de observación en el que… **hay una presencia, pero no una invasión.**

Trabajar por grupos más personalizados y compartir distintas impresiones, permitiendo que esta forma de trabajar sea en pequeños grupos para observar mejor y crear un entorno adecuado para el aprendizaje, con esta finalidad se logra que haya dos perspectivas que ayudan a entender mejor a la criatura y facilitar que no sea etiquetada. Las niñas y los niños se pueden mover libremente, manipular a su aire, lo que les permite hacer descubrimientos, explorar, compartir, y hacerse preguntas. El ambiente se convierte en una herramienta más. La misma arquitectura y el espacio son fundamentales, y se pone especial cuidado en la estética porque se considera un derecho (Loris Malaguzzi).

Desde la Pedagogía del Asombro (Reggio Emilia), algo que parte de un planteamiento pausado, una educación lenta y desde la calma, se aborda que los niños y las niñas son un torrente de emociones, que aprenden a partir de sus propias acciones. Algunos especialistas expresan que «el protagonista es el niño y la niña, ya que es ciudadano en sí mismo que aprende de lo que experimenta y que sin asombro y emoción (sin diversión) no hay aprendizaje posible. Cada criatura nace con competencias, con curiosidad siendo investigadores natos, con derechos a ser escuchadas y escuchados. Se trata de cambiar la mirada.» (Carola Di Marco, formadora en España de Reggio Emilia, de la Escuela Infantil Reggio en Madrid). Remarcando, que quien debería ser la protagonista, seria la relación que se crea en la escuela o contexto educativo.

La **escucha** es una idea fundamental para estos centros. La escuela ayuda a la criatura a encontrar un significado de lo que experimenta, a través de lo que definen como "escucha visible" para dejar constancia de lo aprendido. Es la base del enfoque e involucra un diálogo democrático con las familias, la ciudad y la cultura. Una escucha sensible capaz de vincular, una escucha activa que involucra a interlocutor y oyente, a los niños y las niñas y a las personas adultas que los acompañan.

El agua, otorga todas estas cualidades para jugar desde lo más elemental y vital.

EL TALLER EN LAS AULAS

El taller es una de las esencias de este enfoque educativo. Ofrece otros contextos e invita a investigar. «La niña y el niño tienen 100 lenguajes, pero los adultos les arrebatamos 99.» (Loris Malaguzzi). Según Di Marco, esto sucede «porque les decimos todo el rato lo que tienen que hacer o cómo deben actuar. Les quitamos las posibilidades de ser ellos y ellas mismos/as y gracias al taller y a los recursos del arte, las criaturas pueden hablarnos. El cambio está en el rol del educador/a que aprenden con las criaturas. Siendo los/as observadores/as de los procesos cognitivos de cada niño y niña.»

Darles la oportunidad de explorar, investigar, probar, comprobar, atreverse, equivocarse, divertirse y aburrirse... para fluir y desbocarse, para retomar y autogestionarse.

Las criaturas no son esponjas, no son tarros vacíos a llenar... Son personas plenas y capaces, con un universo infinito de posibilidades que ellos y ellas han de descubrir y desarrollar y con un deseo innato de aprender por sí mismos/s.

La naturaleza es una de las primeras ventanas de asombro en las criaturas y es ciertamente lo que puede ayudar a recuperar el sentido del asombro a quien lo haya perdido.

Debemos encontrar esos espacios abiertos de la naturaleza en los que las criaturas puedan correr, saltar, chapotear, descubrir e imaginar. No solo en los días de sol, sino también en los días de lluvia en los que el olor, los colores, la vegetación y los habitantes del ecosistema que se dejan ver son otros.

El **misterio** es la cosa más bonita que podemos experimentar. Es una de las fuentes de todo arte y ciencia. Las criaturas asumen naturalmente la existencia de este. Tienden al misterio porque es lo que mantienen vivo el deseo de aprender, de explorar. ¿Qué es el misterio entonces? Es lo que nunca acabamos de conocer en su totalidad. Es lo inagotable. Por eso, las criaturas están asombradas ante el misterio porque ven en ello una oportunidad de conocimiento infinito. Y como las niñas y los niños nacen con el asombro y el asombro es el deseo de conocer, el misterio les asombra.

Pues con esto, y antes de pensar en qué ofrecer para sorprender, pensemos que el aula, el pasillo, el jardín, un pequeño rincón puede ser un gran lugar para hacer un laboratorio acuático.

Es importante plantearse también una idea general que enmarque con claridad cual será nuestra finalidad a la hora de llevar a cabo esta experiencia, a partir de una secuenciación espacio - temporal y un ritual de trabajo por el cual nos rijamos a la hora de plantear cualquier tipo de proyecto. Podría decirse que es un resumen de la programación a seguir para no perder el rumbo en el itinerario y a la cual volver cuando uno divague respecto a qué camino seguir en el planteamiento didáctico en el aula. Tampoco se debe olvidar la importancia de la reflexión continua y conjunta por parte del equipo educativo para encontrar conflictos y buscar entre todos las soluciones que ayuden a rescatar la sustancia primigenia de este proyecto.

Como todo lo que se expresa en estas líneas, y en el resto de esta experiencia, resaltamos que formó parte de un arduo trabajo llevado a la práctica durante varios cursos por un equipo de profesionales concreto en una contextualización determinada, y por lo tanto, todos los contenidos y dinámicas son modificables y transferibles a las circunstancias y necesidades de cada centro en cada uno de los momentos en los que se elija llevarlo a cabo.

EL AGUA EN LA PRIMERA INFANCIA SEGÚN SU MOMENTO EVOLUTIVO

Moverse en libertad implica una forma particular de relación con el infante que comprende la globalidad de su día a día y la forma en las que nos relacionamos. El Movimiento Libre comprende el Desarrollo de la Autonomía, los Cuidados Cotidianos y el Acompañamiento del Adulto. Creo que se podría hasta decir que el hecho de no intervenir su movimiento es una consecuencia de todo lo anterior y no el fin. (Emmi Pikler, de su libro Moverse en Libertad).

Lo primero sería volver a dejar claro mi intención de compartir esta experiencia, pero la importancia también, en primera instancia, de que toda experiencia que se ha realizado y vivenciado, con efectos únicos y originales, se podría volver a proponer y transformar sin esperar un resultado o expectativas previas, dejándonos siempre sorprender por lo que surja. Haciendo así juntos/as el «Ser, Siendo, Somos – Agua», conjugándolo desde las acciones y las voces de la propia infancia.

La Escuela Infantil está VIVA, es un lugar donde «pasan cosas», cuando las pensamos, preparamos y aprovechamos mediante los sucesos y circunstancias (días de lluvia, días de calor, estados emocionales de las criaturas, la vinculación con sus logros y capacidades...). Se necesita una planificación minuciosa, pero «solo dejando que ocurra», descubrimos lo esencial del momento dando relevante importancia a las relaciones y las interacciones entre las criaturas.

A lo largo de este recorrido acuático – vital que he estado narrando, y con la propia trayectoria educativa, se puede hacer una conexión que englobe y envuelva el trabajo puesto en práctica durante los años en los que se desarrolló esta idea en la escuela en torno a las tres edades, y el enfoque que se ha llevado a cabo. Queriendo ser esto un volcado de las experiencias y conclusiones que he compartido a modo de guía o ejemplos.

Partiendo, principalmente, de una misma y consensuada idea global o fundamentación, que defina y enmarque todo el recorrido que desde las clases de los más pequeños hasta la de los mayores de la escuela, vaya pasando y enriqueciéndose con experiencias mutuas.

Esto se puede decir que sería un "¿Qué pasaría si...?":

◇ El agua para los bebés (Como un estanque)

◇ El agua para las criaturas de 1 a 2 años (Como una fuente)

◇ El agua para las criaturas de 2 a 3 años (Como un río con afluentes)

A continuación, como ejemplo y vivencia compartida, se expone una de tantas posibles actuaciones a modo de planteamiento metodológico para calar en las tareas procedimentales y actitudinales, en relación a este tema escogido, que puede resultar útil para iniciar un rebosante proyecto **sobre el agua:**

En este caso, esta idea global de referencia elegida podría ser: El agua como recurso di-

namizador de emociones que transmite contención, control, descontrol, movimiento, vinculándose a los cambios evolutivos de los niños y las niñas de 0 a 3 años.

En este rango de edad, se trabaja en torno al agua y sus diferentes estados, y las sensaciones que provoca en las criaturas, experimentando los contrastes que con otros elementos van surgiendo: texturas, temperaturas, sonidos, movimientos, objetos....

Con objetivos en los que enfocarse como:

Utilizar el elemento agua como canalizador de sentimientos y sensaciones.

Percibir el entorno a través del recurso acuático: desde él, dentro de él y a través de él para llegar a su reconocimiento y el del propio cuerpo.

Utilizar el agua como un camino y recorrido de separación y cambio.

Vincularse con todos los grupos de la escuela en el desarrollo del proyecto.

Fomentar un trabajo colectivo con las familias en el día a día del aula, en el intercambio de información y aportación de material específico.

Buscar una unión de desafíos, experiencias compartidas, y hábitos de socialización.

Plasmado a través de contenidos o guías que nos ayuden a acercarnos a este elemento:

Dentro del aula nos basamos en transmitir y acercar a los niños/as las sensaciones que produce y su relación con hábitos cercanos a ellos (simbólicos como la adaptación y más palpables como es la alimentación).

Búsqueda del símbolo que represente lo que se pretende fomentar en los niños/as.

Conocimiento de este elemento en condiciones poco habituales, para aprender a tolerarlo y respetando su presencia, así como la conciencia de no malgastarlo.

A través de la unión con la familia, desafíos, experiencias compartidas, socialización…

Tratamiento de este elemento desde su origen como a las criaturas, verbalizándolo, ofreciéndoselo y aprendiendo a respetarlo.

La actitud del educador/a ante los acontecimientos del aula, los comportamientos de los pequeños/as… se plantea como un fluir libre, pero canalizándolo desde la referencia de la persona adulta, y la necesidad de sentirse contenidos por estos.

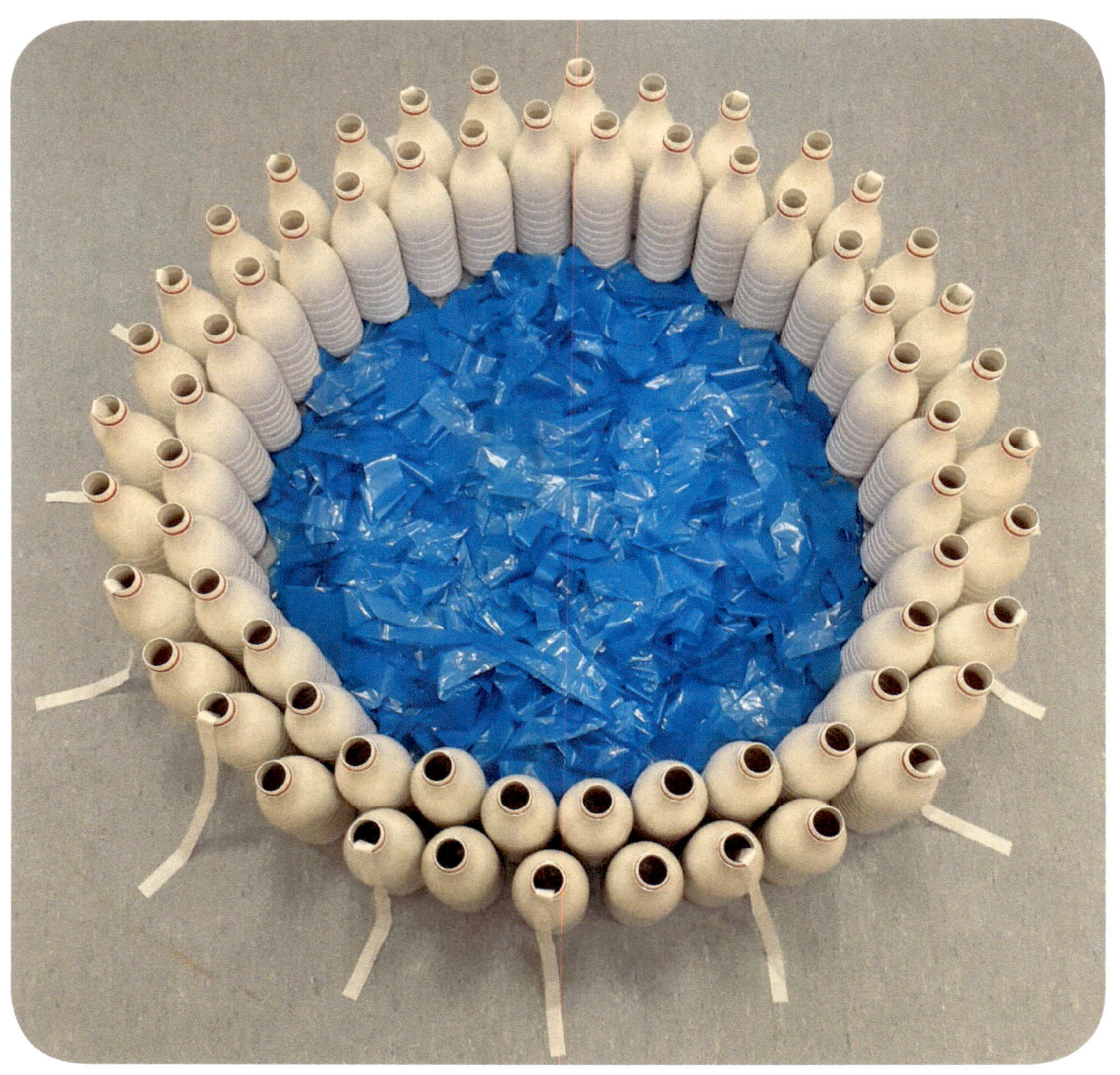

Los niños y niñas como gotitas de agua que individualmente pueden ser frágiles, delicados, transparentes... pero que si encuentran la posición de re-encontrarse, se hacen más grandes, se mezclan y enriquece, se mueven hacia la corriente que necesitan.

PROPUESTAS LÚDICO – PEDAGÓGICAS COMO LLAMAMIENTO Y DEFENSA AL JUEGO INFINITO EN LA INFANCIA

(«El juego es el trabajo de los niños/as.» – *F. Tonucci*)

Con una conexión entre unos marcos teóricos y simbólicos de lo que representa el agua para los seres de este universo, y extrapolables, a su vez, a diversos ámbitos (educativos, místicos, investigadores, filosóficos...).

Continuaremos utilizando el agua como hilo conductor del proyecto, para así poder manipular y experimentar con nuevos líquidos y fluidos.

Seguiremos desarrollando la idea de un viaje, siempre relacionado con la evolutiva del niño y la niña, y donde ambos disfrutarán de toda clase de experiencias tanto de tipo plástico, como teatral, de manipulación, musical, de movimiento... Haciendo especial hincapié en todo lo relacionado con la lectura visible e invisible del agua.

Para llevar a cabo este iniciativa nos apoyaremos no sólo en el espacio cercano como es el aula, sino también en aquellos que nos puede ofrecer la escuela (Sala común, biblioteca, cocina, huerto...) y su entorno (calles, supermercado, parques, entornos naturales...).

Daremos especial importancia a la dinámica trabajada tanto a nivel de grupo, en la que los niños y las niñas podrán compartir experiencias y momentos, como a nivel familiar, tratando de implicar a las familias para enriquecer lo vivido y trabajado en la escuela.

Todo esto necesitará seguir un itinerario lógico y de complementación con las áreas de desarrollo y evolución, intereses y necesidades de las niñas, los niños y sus familias:

◆ **1º Bloque del curso:** Experiencias de disfrute sensoriomotor; de contrastes, de impactos táctiles, de descubrimientos de texturas y sabores, de percepción de luz, oscuridad y reflejos, y de diferentes estados físicos que proporcionen experiencias únicas y personales, junto con el acompañamiento de la persona adulta.

◆ **2º Bloque del curso:** Experiencias que supongan retos y nuevos logros motrices, descontrol, fomento de la autonomía (desplazar objetos cotidianos en instalaciones diferentes a su uso), miedos y sorpresas, cambios, el sonido del agua, interpretar

una imagen y su respuesta sonora… potenciando la comunicación e interacción entre los infantes.

◆ **3º Bloque del curso:** Experiencias de liberación de impulsos, recorridos, conexiones, autorregulación, trabajando la distancia y la independencia… Llegando al conocimiento de la propia identidad y gestión emocional.

PSICOMOTRICIDAD Y AGUA

El desarrollo de la motricidad y el ámbito cognitivo y emocional van de la mano de una forma integral en la construcción de la persona. Cada individuo necesita ejercitarse, probarse y equilibrarse sobre una base firme o tal cual en una superficie acuática para conocerse y afrontar las peculiaridades de su entorno. Esta disposición corporal se ve plenamente desarrollada cuando las criaturas entran en contacto con el agua. Esto conlleva «la transición del placer de actuar, el placer de hacer al placer de pensar, más allá del propio hacer.» (Bernard Aucouturier). Y sus movimientos, espontáneos, cobran sentido y son integrados de manera personal para cada una de ellas.

El medio acuático es un entorno ideal para la intervención con los niños y las niñas. Pretende fomentar el correcto desarrollo psicomotor, el aumento de la autonomía, tanto dentro como fuera del agua y fomentar la sociabilización y de los/as niños/as. Los objetivos específicos dependen de las características concretas de cada niño/a y de las necesidades que presenten. Tras una valoración individualizada, las funciones principales que se pueden trabajar en el entorno acuático, dentro y fuera de este líquido elemento son: función respiratoria, movilidad tisular-muscular, estabilidad articular, tono, fuerza y resistencia muscular, reacciones de movimientos involuntarios, control de movimientos voluntarios, patrones de marcha... (Fundación Salud Infantil de Alicante).

El agua como canalización y filtro, más allá de la terapia, pero sí terapéutica, a nivel sensorial y metafísico, y concretamente con la disciplina psicomotriz, se puede lograr una mediación entre las sensaciones y la conciencia del propio cuerpo y su imagen. El agua calma, el agua acaricia, el agua transporta y estimula las potencialidades que los niños y las niñas tienen.

Para Catherine Potel, en sus reflexiones de *El Cuerpo y el Agua*, este elemento se vivencia como un encuentro vivo y versátil de materia sutil que arrastra al cuero a su fluidez.

Dándole un marco al movimiento, llevado al ámbito educativo como esencia del ser en plenitud en su relación significativa con los objetos y su entorno, le dará la oportunidad también de que sus acciones mantengan el sentido lúdico dentro de sus aprendizajes, como por ejemplo dentro de una sala, en una piscina, en una bañera, con un contenedor de trasvase, en un jardín o un parque.

El movimiento está implícito en el ser humano. El cuerpo habla. El cuerpo piensa.

EL ARTE Y EL AGUA

El agua siempre fue una fuente de inspiración artística para toda la humanidad. Desde las antiguas civilizaciones y sus grandes estructuras arquitectónicas hasta momentos más contemporáneos a través de las pinturas impresionistas y esculturas modernistas que exploran el papel de los objetos como intermediarios entre el hombre y el agua.

Desde nuestro ámbito docente también podemos darnos el gusto de convertirnos en pequeños galeristas y exportadores de arte, aunque en algunas ocasiones efímero, para el deleite y disfrute de las criaturas y sus familias, y de todos aquellos curiosos, interesados y comprometidos con el trabajo educativo y de investigación que se lleva a cabo en las escuelas infantiles.

Estos entornos escolares se pueden re-encarnar en ocasiones en salas de exposición de todas aquellas creaciones artísticas que nuestros niños y niñas conciben y disfrutan, así como complementar esta sabiduría innata y deseosa de crecer con visitas a teatros, museos y espacios de equipación cultural con los que contemos en nuestras poblaciones, creando instalaciones de juego, paisajes lúdicos y propuestas artísticas vinculadas a estos elementos tan primarios y necesarios para la humanidad.

Si entendemos el paso de los infantes por la escuela como una transición al periodo más "técnicamente" académico y un entrenamiento de los patrones sociales adecuados para desenvolverse con independencia y tolerancia en la sociedad que los rodea, ayudémosles con aportaciones desde la escuela que despierten también su espíritu crítico y su deseo de actuar sobre el entorno. Aparcar la idea del "hacer" y navegar hacia el "estar" y el "ser", disfrutando de los procesos y no tanto idealizar los resultados.

Destacando el aprovechamiento cotidiano de los recursos e infraestructuras a pie de calle, como en Reggio Emilia (con sus juegos de agua en la fuente del siglo XIX de la gran plaza de esta localidad italiana, que ha inspirado su metodología y planteamiento educativo), y que han servido de "fuente de la que beber" en otros lugares como son las fuentes transitables interactivas en diferentes partes del mundo.

Algunos autores y artistas inspiradores podrían ser, y a gusto del consumidor que cada uno investigue y se sumerja en la belleza del agua como más le sugiera, los siguientes:

Matisse, Monet, Picasso, G. O'Keeffe, P. Klee, De Kooning, Gauguin, Rendir, Van Gogh, Dalí, Sorolla, Hokusai, W. Lavater, K. Pacovska ...

Y así, como desde la visión de algunos artistas contemporáneos que usan el medio acuático como un fluido simbólico contribuyendo a enriquecer y actualizar nuestra «cultura del agua» con sus manifestaciones hídricas (B. Viola, T.

Miyajima, I. Muñoz, M. Barceló, G. García, E. Moñivas, G. Chillida...).

Reflexionando sobre ello, hago referencia a dos de mis mentores, Javier Abad y Ángeles Ruiz de Velasco, que con sus Instalaciones de Juego dan significado a esta metáfora de la vida como espacios de encuentros educativos, donde, según sus palabras: «Se potencian las posibilidades, la diversidad, la presencia y el derecho a ejercer la vida lúdica. La infancia no aprende a jugar, sino que juega a aprender y como consecuencia, aprende a Ser – con – otros.»

Así como rescatando la importancia de la relación del vínculo y la simbolización del mundo, haciendo un llamamiento a la "no" intervención por parte de la figura adulta en el juego espontáneo de las niñas y niños, cuyas manos, pensamiento y alma son las herramientas perfectas para el aprendizaje de los ojos que les observan y acompañan, por muy instruidos/as, formados/as y experimentados/as que nos creamos.

El juego es una ofrenda generosa que la infancia nos ofrece y comparte, que perdurará en el imaginario colectivo generación tras generación, en este movimiento cíclico y de cambio de mirada en el que nos encontramos.

Por ello, con el elemento acuático obviamente se atesoran recuerdos y experiencias que a través de la vivencia del juego plasman un oasis creativo en el que cada ser es quien quiere ser.

REFLEXIONES PREVIAS ANTES DE PLANTEARSE EL PROYECTO A DESARROLLAR:

No solo en lo funcional o pragmático, sino trabajar este concepto como una actitud, una esencia, una manera de transmitir el mensaje educativo a los niños y niñas dejando fluir sus emociones vitales, canalizándolas a un caudal común de autonomía y seguridad.

El agua no es solo un concepto marino, el agua es vida, es la propia vida del niño y la niña desde antes del nacimiento y durante este, un elemento del que se nutre y se necesita para subsistir. Por lo que hay que saber buscar como influye en sus ámbitos de desarrollo y sus motivaciones, de acuerdo a su edad y en el nivel que se encuentre.

Trabajar este elemento desde todas sus vertientes: de movimientos, plástica, sonora, de objetos, alimenticia...

Estar abierto a múltiples posibilidades, por lo que complementar el desarrollo del proyecto con información y bibliografía (información gráfica, de obras de arte, documentales...).

Contar con la colaboración de personal no educativo que pueda aportar otras informaciones (familias, expertos...).

Este es un proyecto vivo, que fluye y está abierto a ir incorporando cambios y novedades; que no tiene por qué tener límite en el tiempo y se puede trabajar intrínsicamente con otros proyectos durante otros cursos.

REFLEXIONES POSTERIORES A LA EXPERIENCIA:

(Haciendo referencia a un seguimiento de las vivencias y experiencias compartidas durante el tiempo que duró la puesta en práctica del proyecto, tras la observación y puesta en común por nivel en el equipo educativo)

Respuesta de las criaturas:

◇ Reacción ante la posibilidad de enfrentarse a un material que les descontrola, incita y estimula.

◇ Aprenden progresivamente a respetarlo y compartirlo, no solo en las propuestas, sino en los diferentes momentos de la vida cotidiana en los que se les presenta el agua.

◇ Les permite canalizar impulsos y tensiones.

◇ Les ayuda a desinhibirse ante otro tipo de situaciones y conflictos.

Respuesta del equipo:

◇ Se crea un trabajo de colaboración ante el planteamiento, creación y presentación de una imagen común.

◇ Permite unificar los diferentes proyectos y encontrar una vía de conexión entre todas las clases y un vínculo que permite a los niños interiorizar mejor el paso de unas a otras, respetando y conociendo a todas las personas de referencia que lo integran.

Respuesta de la educadora/or:

◇ Escuchar y respetar, a través de la observación de las niñas y los niños en relación a este elemento.

◇ Perder el miedo a ofrecer a las criaturas un recurso "prohibido" fuera del contexto de aseo y limpieza, relajándonos ante la excitación y explosión de sensaciones que suscita en ellos y ellas.

◇ Aprovechar este recurso y su simbolismo con la vida de los niños y las niñas para explicar a las familias los diferentes estadios evolutivos por los que pasan a lo largo del curso.

Respuesta de las familias:

◆ **Contextualizar los sentimientos** que les desbordan en diferentes momentos del curso.

◆ **Participación activa en dinámicas y jornadas** de intercambio entre el hogar y la escuela

◆ **Creación de grupos de comunicación** entre familias, en los que fluye el diálogo compartido (reuniones, talleres, tertulias...)

EVALUACIÓN DE TODOS LOS ASPECTOS IMPLICADOS:

¿Ha habido una respuesta positiva por parte del equipo educativo en la dinámica general del curso?

¿Se han puesto en común aquellas actividades colectivas relacionadas con el proyecto?

¿Se ha buscado una conexión específica con el agua en los acontecimientos significativos del curso?

¿Se ha adaptado el proyecto del curso por nivel a un planteamiento vinculado al elemento agua?

¿Las actividades y propuestas pedagógicas han sido experimentadas y analizadas durante su proceso de puesta en marcha?

¿Los recursos didácticos han respondido a las necesidades e intereses de cada criatura?

¿Ha habido una devolución y colaboración por parte del entorno familiar de los niños y las niñas?

¿Se han utilizado elementos de reflexión, análisis y valoración para recoger información?

Este camino aquí expuesto puede servir de orientación a otros educadores a la hora de poner en práctica sus propias decisiones con esta temática para elaborar una propuesta didáctica en su centro. De esto y de la puesta en común entre todos los miembros de la comunidad educativa, se pueden extraer y repescar estas y otras muchas opciones de experimentación y pautas de actuación, siempre basándose en un mecanismo practico y enriquecedor como es la investigación educativa: proponer y esperar a que los niños y las niñas descubran por sí mismos que es lo que quieren aprovechar de lo que se les aporta en las aulas. Este y otros muchos viajes derivados del AGUA se verán cautivados con sorprendentes y valiosas escenas, diferentes en cada curso que se lleve a cabo.

CAPÍTULO 6

CONSTRUYENDO APRENDIZAJES SIGNIFICATIVOS

Recordando a diferentes autores, se citan las bases fundamentales de sus teorías que pueden ayudar a explicar y entender como el niño y la niña alcanza los aprendizajes y como (ya en relación al proyecto relacionado con el recurso del agua) en su día a día, aprovecha lo extraído del medio que le rodea y lo traspasa a sus múltiples relaciones de conocimiento y sociales para crecer y constituirse como persona.

Es importante tener un marco teórico que nos ayude a entender como se desarrolla el pensamiento infantil para poder extrapolarlo al contexto acuático. Siendo coherentes y sin necesitar ser fieles al pie de la letra, opiniones hay como gotas en el mar. Todo, en su justa medida, extrayendo nuestra propia versión y sin olvidar que donde más se aprende es a partir de la propia observación de cada instante junto a la infancia.

El cerebro de cada criatura es un universo único, personal y extraordinario cuyo funcionamiento merece tiempo y cariño para ser reconocido, respetado y entendido.

Aquí algunas teorías de la psicología y la pedagogía más tradicional que nos pueden focalizar en el elemento agua:

Como **Piaget**, (que defiende el concepto de inteligencia como proceso de adaptación). El método **Decroly** (que promueve organizar el ambiente escolar, para que el niño encuentre allí las motivaciones adecuadas a sus curiosidades naturales e individuales). Con **Vygotsky** (y su aprendizaje en grupo para buscar el equilibrio) o **Bruner y Ausubel** (que desarrollan el aprendizaje por descubrimiento).

Y aquí otras referencias desde las pedagogías activas en relación a este recurso:

Destacando a **María Montessori**, cuyo método potencia la autonomía, el desarrollo libre del pensamiento crítico y científico y desde la observación, el trabajo en equipo, el aprendizaje desde del error, desde la curiosidad y la auto-motivación, la creatividad, el respeto y la solidaridad. Para **Catherine L'Ecuyer,** los niños y las niñas aprenden a través de experiencias sensoriales concretas para comprender el mundo y comprenderse a sí mismos.

El agua nos hace sentir y emocionarnos, eso son los factores que mueven estas dos teorías. El infante reacciona ante el entorno según sus sensaciones de placer y displacer, reconoce lo que existe a su alrededor y a su propio ser y responde ante ello repitiendo esos actos que le hacen satisfacer sus necesidades. El entorno acuático le recuerda sus orígenes y de manera idílica, hace que conecte con sus sentidos más primitivos.

El agua, como elemento natural, despierta en los niños y las niñas deseos inmensos de observar y explorar de manera global. Es un elemento amplio y que puede contener a otros, y a la vez siendo homogéneo engloba las cuali-dades que más les atraen: transparencia, sonoridad, maleabilidad y su capacidad de ser mezclada y transformada.

El agua genera en las criaturas deseos de investigación y, por ende, descubrimientos de causa-efecto. ¿Qué mejor laboratorio científico que un pequeño charco o recipiente con agua frente a las manos puras y sinceras de un niño o niña?

El entusiasmo, la motivación, la ilusión, la sorpresa, el asombro... es el alimento de los niños y niñas que necesitan realidad para aprender, más en estos tiempos virtuales en los que vivimos, donde incluso sus familias a veces pasan de ser acompañantes físicos a ser seres digitales. Hay que adaptarse, ser resilientes, pero también críticos y libres. Si no se pierden estos alicientes naturales, la humanidad podrá seguir fluyendo en equilibrio y armonía, al ritmo del agua que llevamos dentro de cada uno de nosotros/as.

Por tanto, el agua nos permite percibir esa sensibilidad y simplicidad en las pequeñas cosas, así como la utilidad de sentirse capaces de conseguir remontar el curso de su vida de manera autónoma y consciente.

CAPÍTULO 7

CREANDO ESPACIOS DE AGUA

El agua, al presentarse relacionada con un espacio que la envuelve, cuando no es accesible al cien por cien salvo en su presencia cotidiana, al abrir un grifo; para los niños se les puede facilitar la experiencia ambientando climas y recreando experiencias sugerentes y que estimulen sus sentidos y despierten su curiosidad por investigar este elemento.

> Ya que el agua por si sola transmite sensaciones peculiares y según el receptor esta señal se amplia o disminuye, propiciemos a las niñas y los niños la posibilidad de intervenir también sobre sus cualidades.

¿Cómo crear un espacio de agua? En primer lugar, es fácil si contamos con ella: En el aula, teniendo un grifo cerca, llenando unos barreños o cubos, en el suelo, al alcance de las criaturas. Por ejemplo, en una disposición circular, ellos seguramente tenderán a sumergirse y obviamente, dejarse llevar cada uno a su manera, poniendo en práctica su propio juego.

Pero, ¿cómo se pueden crear espacios de agua, sin agua? Antes de ponerlo en práctica, debemos valorar como educadores y educadoras los aspectos que queremos destacar en esta experiencia: si su movimiento, su sonido, su atracción ante los objetos... Una vez estudiadas las opciones, podemos empezar a recrear las paredes, techos y suelos con los que contemos en nuestro entorno escolar, pero siempre sin olvidar que los niños y las niñas serán los últimos en decidir como será la intervención. Las personas adultas proponen, garantizando la seguridad y las alternativas por si surgen imprevistos, pero han de permitir que los pequeños/as reflejen sus propias relaciones con el ambiente creado en torno al agua.

> Si el agua no es plana, ¿por qué enseñársela solo en dos dimensiones? Si se van a dejar envolver por ella, que se recorran diferentes alturas, dimensiones y lateralidades; que, si van a navegar sobre ella, lo hagan con todos sus sentidos sensoriales: vista, tacto, gusto, olfato, oído.... y los otros sentidos: afectivos, sociales e intuitivos.

A través de propuestas, los espacios acompañan esta tarea como base de contención (en las diferentes zonas habitadas del aula) y se necesitan otras que se transformen en un formato que rodee a los infantes, otros que se puedan atravesar, otros que haya que rellenar...

Creando instalaciones como pequeños proyectos paralelos, en los que en cada centro educativo se desarrollen de acuerdo al planteamiento concebido por los y las educadoras en los equipos, como por ejemplo: **En cada una de las aulas:** Una charca entre paredes; **entre las clases**, aportando cada una de ellas sus propias gotitas que unidas sirvan para entender lo que pasa en la clase contigua, Un océano pequeñito, Mundos de agua...; **en el pasillo:** Ríos de color, Caminos líquidos, Donde nace el agua...; **en la sala multiusos:** Espejos de agua, Piel o agua...; **En los patios y jardines:** Un mar de piececitos, Universos acuáticos...

Así dentro de la escuela, contaremos con aquellos espacios que hayamos establecido dentro de la clase (alfombra, casita, rincón de experiencias, el baño...), en las zonas comunes para hacer talleres, o en el patio, huerto; Así como contando también con la posibilidad de acercar a las criaturas espacios de su entorno urbano: fuentes, plazas, jardines, conocimiento del personal que se ocupa de su mantenimiento y cuidado (jardineros, bomberos...), y llegando finalmente a otros entornos naturales que harán que las niñas y los niños interioricen más íntimamente este elemento, como excursiones cerca de un río, lago, playa... así como que sean conscientes de que pertenecen a un conjunto social que les otorga identidad y al que pueden aportar y del que pueden recibir información, motivación, emoción... El agua transmite tantas emociones como individuos hay. Sus sensaciones son infinitas; aprovechémoslas.

La escuela, también puede ser un referente en el que se contemple este recurso desde otra perspectiva, no solo permitiendo a las niñas y los niños jugar y divertirse sumergiéndose en el agua, sino permitiendo también que sus familias y otras personas que pasen por este entorno escolar sientan esta atracción hacia dicho elemento. El hall de entrada, pasillos, y ventanas servirán para conectar el entorno escolar con el mundo que queremos acercar a las niñas y los niños. A través de talleres plásticos y de recreación dramática compartidos entre criaturas y personas adultas. Así como contemplando algunas exposiciones que resuman este recorrido y desde la escuela se elijan como temas conectores con los demás contenidos a experimentar; por ejemplo, presentaciones en relación a *"El color (muestra de murales y fotografía), olor y sabor del agua (recetas), el sonido y movimiento del agua (instrumentos y juegos motores), los volúmenes del agua (experimentos), El agua nos une (como proyecto de interculturalidad), etc.."*

Todo esto y mucho más puede ir surgiendo. Es cuestión de actitud y capacidad para transformar los recursos disponibles sin olvidarnos que contamos con el elemento más flexible y maleable que hay (además de la propia agua): los propios infantes. Deberemos tratarlos a ambos siempre con respeto y cuidada responsabilidad.

Pero a la par del espacio, esta el tiempo, recordando a Einstein, por lo tanto, no hay que olvidar que los niños y las niñas necesitan de "su propio" tiempo para relacionarse con este elemento. No lo confundamos con el que gira en nuestros relojes adultos, ese es otro, que lleva un tempo personalizado. Más cercano al tiempo biológico o circadiano, no tan-

to al tiempo social, que nos marca con su flecha.

«Este debe fluir con naturalidad. Los niños y niñas tienen derecho a su tiempo, a hacer cultura de su sentido corporal.» (A. Hoyuelos).

77

CAPÍTULO 8

MATERIALES PARA JUGAR "EL AGUA"

Partiendo de la idea de que cualquier objeto puede servir como instrumento en las investigaciones infantiles y que con su juego libre y exploratorio los niños y niñas dejan libertad a sus actos para transformarlos, es necesario que la persona adulta se encargue de clasificar y ofrecerles una amplia gama de materiales destinados desde el principio para trabajar con el agua; cuidando su seguridad en el manejo pero también permitiéndoles que por si solos descubran todas sus posibilidades, sin inhibir su creatividad y espontaneidad.

Estos materiales pueden estar dentro de la propia clase, y serán aportados por las familias con las que se pactará su reutilización. Consistirán en materiales que se desecharían (de papelería, de cocina…) y otros con los que contemos de tipo industrial (electricidad, fontanería, jardinería…). Todo vale si se le destina un uso constructivo, y esto se lo debemos transmitir a las niñas y los niños. Han de interiorizar que no cuando algunas cosas dejen de servir para su uso principal hay que tirarlas, sino pensar en otros usos que darles o guardarlos para otras ocasiones, a modo de experimentación. Esto puede ser un buen ejercicio grupal de reflexión, tanto para los alumnos en el aula como para el resto del personal de la escuela.

Buscaremos todos aquellos elementos que sean canalizadores, contenedores y a su vez, desestructurados, desbordantes, y otros que se complementen con las cualidades naturales del agua: transparencia, sonoridad, fluidez…, otros que propicien grandes contrastes: continuos y discontinuos; frío y calor; rapidez y lentitud… Así como todo tipo de líquidos para manipulación y trasvasar.

Aquí se presenta una selección de los utilizados y otros posibles:

◇ Material de aula (Sensoriomotor, simbólico, de psicomotricidad, pelotas, cuerdas, fotografías, instrumentos musicales, cuentos, …).

◇ Materiales de juego heurístico.

◇ Material de la naturaleza (El agua, piedras, arena, palos, elementos aromáticos…).

◇ Material de desecho (Botellas, envases, cajas de cartón, tubos, redes, superficies transparentes …).

◇ Material plástico (Pinturas, papeles de diferentes texturas y grosores, telas, grandes plásticos, cartones, papel continuo…).

◇ Materiales alimenticios (Líquidos, frutas, zumos, masas, productos que dan color…).

◇ Materiales audiovisuales (Grabaciones de sonidos acuáticos, imágenes de agua, luces y focos…).

◇ Materiales específicos del proyecto (Un personaje motivador de referencia: marioneta o construido con material reciclado, circuitos de agua, pulverizadores, vasos, cubos, esponjas, estropajos, bayetas, jeringuillas, embudos, coladores, tubos de plástico, corchos, regaderas, bolsas de congelar, balones transparentes, globos, humidificador, vaporizadores, ventilador, secador, contenedores de diferentes tamaños…).

En definitiva, las posibilidades pueden ser infinitas. Y el uso de *materiales desestructurados,* o piezas sueltas que motiven, fomenten y se adapten (libremente), a cada criatura, también.

CAPÍTULO 9

EXPERIMENTOS SEGÚN EL ESTADO DEL AGUA

A los niños y las niñas les atrae la novedad y aquello a lo que llegan por sus propios medios, y es recomendable acostumbrarles a que prueben, intenten, se equivoquen, y reintenten. Se puede definir un experimento como un procedimiento mediante el cual se trata de comprobar (confirmar o verificar) una o varias hipótesis relacionadas con un determinado fenómeno, mediante la manipulación de la/s variables que presumiblemente son su causa.

Por lo tanto, fomentemos en la infancia el deseo de investigar y ofrezcámosles propuestas que no sean impuestas, sino descubiertas. Para que el interés y la motivación sea intrínseca y despierte su curiosidad.

UN ATELIER PARA LOS ESTADOS DEL AGUA:

Explorar la huella orgánica del agua. La materia congelada o derretida, esa fascinación biológica que tiene la infancia por manipular la materia líquida. En el deshielo primaveral, en el estío estival, en el inicio del frío incipiente del otoño y en pleno invierno gélido, se puede saciar esta sed de curiosidad. Cualquier momento puede ser propicio y motivador. Con propuestas y experiencias llenas de texturas, contrastes de temperatura, sensaciones, preguntas y misterio. Y que el asombro haga su magia.

Este reconocimiento puede ser aplicable también a las personas que se encargan de dar vida a este bello proyecto, porque en sí, las cosas que contamos y que tocamos son lo que sentimos. Y en el caso de que esto sea transmitido a un grupo de criaturas de entre cero a tres años, a los que aun sus sentimientos están tan a flor de piel que rigen todos sus actos: físicos y emocionales, podría resumirse en el siguiente listado de ejemplos: Dejándose inspirar por los secretos del agua, de estas y otras muchas posibilidades.

AGUA FÍSICA

Experiencias con agua líquida:

◇ Contrastes de temperaturas (Fría – caliente en barreños, cajas, o diferentes recipientes).

◇ Percepción de cualidades de objetos en agua (flotabilidad – hundimiento: papel plata, castañas, piedras, piñas, plumas, corcho, plástico, juguetes...).

◇ Juegos con agua teñida en envases (colorantes alimenticios, cacao, papel pinocho...).

◇ Creación de collage con agua mezclada con sustancias y pequeños materiales.

◇ Uso de acuarelas, experimentando con las mezclas.

◇ Juegos con agua teñida proyectada (en un recipiente transparente en el retroproyector observando su movimiento y forma cambiante, con la luz fluorescente...).

◇ Papel maché (juegos de manipulación de diferentes texturas de papel: periódico, higiénico, estraza... mezclado con agua y cola).

◇ Trasvases (con recipientes pequeños y envases, con coladores, embudos, gomas, tubos...).

◇ Embolsar agua (en bolsas de alimentos e introduciendo pintura, jabón, elementos de la naturaleza...).

◇ Lanzamiento de agua (moverla sobre superficies de plástico, para pintar, regar, mojar objetos: con jeringas grandes, émbolos, vaporizadores...).

◇ Soplar agua (observar su movimiento, ondulación, sonido...).

- Investigar sobre el arcoíris (agua y luz) y construir uno que sea móvil para colgarlo.

- Rellenar objetos de diferentes volúmenes y que sean aislantes (botellas, balones y almohadones de playa…) para jugar y explorar.

- Pisar agua y observar sus huellas (teñirla con pintura y hacer caminos de pies sobre papel).

- Manipulación de plantas en el huerto, experimentando con la tierra húmeda, y regarla…

- Magia con agua: ya que es un elemento que se ve, pero se escapa de las manos, investigar con que medios se puede contener envases, tubos…

- Juegos de sonidos del agua (comparar instrumentos dentro y fuera del agua, chapotear, salpicar sobre superficies, intervenir con objetos cotidianos y relacionarlos posteriormente con imágenes y fotografías).

- Un baño colectivo, para reconocer las cualidades y disfrute del agua in situ.

- Talleres de degustación de alimentos (frutas, zumos, caldos…) y su posterior aplicación plástica.

Experiencias con agua gaseosa:

- Humidificadores (en una habitación pequeña o baño, juego de observación y manipulación de su reacción en el suelo, los espejos, las manos, los pies… Se pueden introducir otros elementos como linternas, papeles de colores…).

- Calentar agua y observar su transformación (vapor: "nubes")

Experiencias con agua sólida:

◇ Contrastes (Juego con cubitos de hielo y objetos congelados, manipularlos y observar su cambio tras el contacto...).

◇ Manipulación de agua mezclada con sustancias, para hacer "barros".

◇ Congelar zumos y batidos y degustarlos después en forma de polo.

◇ Congelar alimentos duros (legumbres, arroz... en diferentes moldes y observarlo después).

◇ Derretir hielo sin tocarlo (jugar con los cubitos, con su movimiento dentro de recipientes y calentarlo).

◇ Juegos con nieve (si las condiciones climatológicas lo permiten).

Fotografía: Egor Kamelev

El agua puede ser representada de muchas formas. Los niños y las niñas, aunque necesitan reconocerla directamente para percibir sus cualidades, también es importante permitir a los pequeños llegar a la abstracción de las cosas por otros caminos, puede ser de una manera sencilla (manipularla y verla en fotos...) o por un recorrido que ponga en marcha todos sus mecanismos proyectivos: sensoriales, imaginativos, de memoria auditiva...

Puesta en práctica:

◇ Juego con grandes plásticos de diferentes grosores y composición (forro de embalar, de pintor, de burbujas...). Servirá para sentir a través de estos desde diferentes perspectivas: sonoras, visuales al ver la opacidad del material y a la vez transmitir la transparencia del agua...

◇ Juego con barreños, cubos, cajas... (elementos contenedores que sirvan para navegar moviéndose por el espacio, complementándolo con diversos objetos: pelotas, telas... que se desbordan y se vuelven a introducir dentro de un cauce marcado).

◇ Juego de balanceos con telas, mantas, sábanas...

◇ Juego de mojarse y simular como serán los movimientos de las gotas al caer (rodar, saltar...).

◇ Juegos con reflejos (como al mirarse en un charco o en el agua contenida), hacerlo con otros elementos: papeles y plásticos, espejos, latas, cucharas...

◇ Creando alfombras de agua: pintadas en papel, plástico, tela...

◇ Identificación sonora con objetos cotidianos (escuchar grabaciones de sonidos acuáticos que se puedan relacionar con elementos de la vida diaria del niño: un grifo con un baso, pisar un charco con un paraguas, chapoteos en una bañera con una esponja...).

- Observación de montajes fotográficos y de video sobre el agua.

- Juego con envases y botellas vacías (estrujar, lanzar, arrastrar, golpear…).

- Juego con objetos a transportarlos sobre telas o plásticos transparentes.

- Juegos con cuerdas, gomas elásticas… (que puede equivaler a el caudal de un río imaginario, su límite y su equilibrio).

- Creación de bóveda subacuática (manipulación de masa de papel con diferentes formas, pintada con los vaporizadores y ubicada en un techo para explorarla, sensorialmente, con linternas, lupas).

- Sesiones con tiras de papel (desarrollo sensoriomotor, dualidad con diferentes formas…).

- Creaciones plásticas de elementos que convivan con el agua (animales, transportes…).

- Trabajo dramatizado sobre cuentos y canciones. A través del movimiento, imitación de gestos, ambientación de espacios…

- Creación con las familias de cuentos relacionados con el agua. A través de fotografías en las que los niños aparecen experimentando con este recurso, y en las que se complementen con una pequeña historia personal que narre su aventura. Se manda a todas las familias (como cuento viajero), para que navegue entre ellas y lo disfruten.

- Las familias también pueden venir al aula a contar cuentos afines al agua. Haciendo que las criaturas se sientan protagonistas y haciendo partícipes a sus familias de estos acontecimientos.

- Relajación con boles tibetanos (construyendo "un baño de sonido" con materiales similares). Creando ambientes sonoros, en los que los niños se tumban sobre alfombras o colchonetas, cerrando los ojos o estando tranquilos escuchando las vibraciones que se forman al golpear los boles de diferentes tamaños (que pueden ser de cobre, acero, aluminio… según las posibilidades), con palos, baquetas o varillas metálicas. Algunos de los recipientes contendrán pequeñas cantidades de líquido y otros no, para diferenciar su intensidad sonora.

◇ Elaboración de material literario para las criaturas que contenga imágenes, fotos y dibujos que signifiquen palabras de canciones y rimas sencillas. Ir creando libros con las experiencias de las niñas y los niños tras cada experiencia (con dibujos que lo expliquen como ellos lo han vivido personalmente).

REFLEJOS EN EL AULA

Hábitos:

◇ La alimentación durante estas edades está continuamente basada en cambios y nuevas experiencias de sabores, texturas... Como momento de ponerse a prueba, tanto sensorialmente como a modo de los tiempos de espera, la compensación de estos tiempos individuales con los de las demás criaturas, el ritmo lo marcará la persona adulta, que irá facilitando estos cambios progresivamente.

◇ En los momentos de higiene, los niños y las niñas pueden plantearse incógnitas como ¿lo que sale a dónde va? (tanto fluidos corporales como los propios líquidos del aseo corporal), aprovechando así este interés en responder sus inquietudes de lo que está no desaparece, sino que se mueve a otro lugar.

◇ El sueño como momento liberador, de descanso físico y mental, donde el infante va llenando el vaso de su memoria, haciendo trasvases inconscientes de sus emociones y si se entrega a flotar en el. Un sueño reparador, demuestra que confía en nosotros para que sigamos guiándole en sus conquistas. Y, ¿por qué no?, acompañarlo con un poco de música que les transporte a los sonidos acuáticos del origen, los ecos, murmullos, arrullos, balanceos...

Materiales

◇ Utilización de todo tipo de materiales de desecho que sirvan como contenedores de trasvase y de conexión como plásticos, forro, embalaje de burbujas, tubos rígidos y flexibles, envases, cajas, botellas, recipientes de diferentes superficies...

◇ Materiales maleables como pinturas, arcilla, masas, líquidos y sólidos en sus diferentes estados de los alimentos...

◇ Cuentos tradicionales, de imágenes, de rutinas, acuáticos para tocar, ver, probar, de sonidos, de movimientos...

◇ Materiales transformadores como tejidos y complementos para simbolizar sensaciones según las estaciones del año.

Espacios

◇ Aula: Zonas de saludo y acogida, de crecimiento (árbol), de experimentación (del agua, con elementos para trasvasar de unos a otros, texturas, conexiones, estructuras comunicantes, ambientación acuática...).

◇ Comunes: Ambientados con producciones de las clases, que desembocan de unas a otras y van formando una estructura común, en los pasillos, paredes de la escuela... (Río común entre varias clases, techo submarino, cascadas de Imágenes, estrellas-botellas de mar, peces de manos y pies en transparencias, siluetas marinas hechas con masas...).

PROPUESTAS TIPO

◇ El agua está presente física y místicamente en las acciones de las niñas y los niños y en su modo de interaccionar con el entorno y sus elementos, en vivencias simbólicas, representativas, constructivas, destructivas, de descubrimientos, y de identificación a través de experiencias como las que se exponen a continuación. Pero debemos recordar que no han de ser un plan estricto, ya que en este caso han sido creadas por y para un grupo de criaturas en concreto en unas circunstancias puntuales, pero que, con la propia creatividad de cada educador y las inquietudes de su grupo de alumnos, estas experiencias pueden variar y derivar en otras mágicas e interesantes.

◇ Seguidamente, se plantean unas cuantas propuestas lúdicas posibles, como ejemplo de temática. Siendo importante tener claro que las criaturas tienen deseos de movimiento, de correr, de arrasarse... como el agua; y quieren coger el agua, sujetarla, y llevarla de un sitio a otro.

◇ Estas podrían ser algunas de las propuestas didácticas y experimentales que faciliten el conocimiento y disfrute del AGUA en todos sus estados. Una compilación de experiencias, escenarios de juego, recreación de ambientes y construcción de "minimundos" para disfrutar y profundizar.

Corporales

◇ Ejercitación motriz (rodar, envolverse, transportar, estar, entrar, salir, vaciar, llenar, contención con cajas, estructuras, cubos, telas, pelotas, sombras, oscuridad, luz, esconderse...).

De relajación

◇ Masajes (contactos, sensación de sustancia sobre el cuerpo, frío-calor, relax, calma).

◇ Escuchar sonidos del agua (tumbados, en corro, en contacto con los otros niños...).

Musicales

◇ Audiciones musicales.

◇ Imitación de sonidos similares al agua con instrumentos (rápido –lento, fuerte- flojo...).

◇ Descubrir en la propia agua su sonoridad (gotas, chorros, golpes...).

Audiovisuales

◇ Proyecciones (de transparencias, de imágenes, vídeos, líquidos, mezclas, movimientos, reflejos en diferentes dimensiones...)

◇ Audiciones (temas musicales seleccionados o sonios grabados de la naturaleza o la vida cotidiana)

Expresión oral

◇ Narraciones de cuentos relacionados con el agua, sus combinaciones y estados en la naturaleza.

◇ Motivación con personajes significativos de los cuentos cuya temática sea el agua.

◇ Secuencias e interiorización de los formatos del agua y su vinculación con las etapas de la vida del niño, a través de la verbalización (etapa sedente, de fluidez, y movimiento, de viaje y cambio...).

Expresión plástica

◇ Manipulación libre y creativa de las posibilidades artísticas de los materiales mezclados con agua.

◇ Creación de composiciones con pintura y material reciclado que simule el agua.

Dramatización

◇ Representaciones e identificaciones de personajes, historias o cuentos relacionados con el agua.

◇ Teatro para disfrute de las criaturas (gestuales, con texto, de objetos, onomatopéyicos, de personajes, guiñol, de sombras...).

Con objetos

◇ Talleres (de alimentos, de luz, con vapor, de contrastes, con agua, sorpresas...).

◇ Actividades plásticas (sensación de empaparse, medir las partes del cuerpo a sumergir en las mezclas, traspasar, contrastar sus cualidades para el disfrute y descubrimiento sensorial).

◇ Experimentos (trasvases, diferencia de estados del agua, movimiento, volúmenes, pesos...)

Impactos

◇ Crear espacios y ambientes en los que los niños y niñas puedan sumergirse en un clima acuático, con sus sorpresas y reacciones inesperadas (una clase, pasillo o sala común con materiales de diferentes texturas colgados, que flotan, en el suelo, se mueven, hacen ruido, con diferentes caminos y escondites a elegir, con luz tenue...).

Con las familias

◇ Creación de un álbum. (Entre todas las familias de la escuela y en cada clase, crearán las páginas personalizadas y sus experiencias con el agua).

◇ Participación en algunos talleres. (Se organizan para las familias, a cargo de algunos educadores de la escuela, para construir materiales o debatir las diferentes propuestas pedagógicas o situaciones cotidianas en relación a este recurso acuático).

◇ Aportación de material para las actividades. (Recopilación de material de reciclaje para jugar e investigar en las aulas).

Con Juegos tradicionales y populares

Los que más suele gustar a las niñas y niños de estas edades son los juegos de falda, "de cachorreo", de palmas, corro y retahílas.

A continuación, se muestran algunas de las más conocidas, habiendo muchas otras, y se pretende rescatar y valorar el cancionero popular de cada región y país conectando de manera universal a través del elemento agua, la voz, el cuerpo, su sonoridad y su espiritualidad.

Al pasar la barca
Que llueva que llueva
Soy la reina de los mares
Dónde están las llaves
Cucú, cantaba la rana
El patio de mi casa
Los patitos en el agua
Todos los patitos fueron a nadar
Había una vez un barquito chiquitito
La araña chiquitita
Allá en la fuente
Paco, paquito, salta un charquito
Pinocho fue a pescar
En mi barquito de papel
El barquito de cáscara de nuez
El señor cangrejo
Pajarito que cantas
A orillas de una fuente
Clin, clan las gotitas de la lluvia
Yo soy el pato, tu eres la pata
Está lloviendo hoy

VALORES, ACTITUDES Y SENTIMIENTOS A TRANSITAR CON EL ELEMENTO AGUA. LAS EMOCIONES DEL AGUA

El trabajo durante este tiempo dedicado a descubrir los placeres del agua y sus innumerables contextos desde la escuela me ha sugerido, a modo de medi-tación o consideración final, las siguientes notas en relación a una serie de valores significativos en el desarrollo equilibrado de los niños y las niñas.

LA CONTENCIÓN. LOS LÍMITES FÍSICOS Y SIMBÓLICOS

El trabajo en torno al agua ayuda a enmarcar las dimensiones de la persona, que, en el caso de los niños y las niñas como individuos en plena expansión, puede condicionar sus actitudes e interpretación metafísica de su realidad cotidiana.

En la práctica diaria, esto se puede traducir en que; el poder sumergir sus pequeñas manos en barreños y que el agua se desborde, así como el poder chapotear, lanzar, y calarse les remite a sus deseos más primitivos de desestructuración. Posteriormente, con ayuda y guía de una persona adulta, los niños pueden llegar a un juego de trasvase y observación de su forma en diversos recipientes y su transporte y uso medido; hará que, invisiblemente, implanten la contención que necesitan para relacionarse libremente con el entorno.

LA EXPRESIÓN

El agua y el infante son libres hasta que los contaminamos. Tanto los actos de uno u otro son espontáneos, valientes, desinhibidos... hasta que algunas decisiones de los adultos hacen que se dirijan hacia destinos diferentes a los que ambos desean. No se trata de que las criaturas solo hagan lo que quieran y cuando quieran, pero si de que aquellos quienes los observamos sepamos respetarlos. Si una niña o niño es pulsión, fuerza, deseo; no queramos pretender modificar siempre su caudal, aunque sí debamos acompañarlo para descubrir la forma de canalizar sus intereses. Las criaturas necesitan sacar fuera lo que llevan dentro, que al principio y durante un largo recorrido no suelen saber qué es, pero si saben que necesita salir, ya sea gritando, corriendo, construyendo, pintando, creando... La escuela puede ser un buen marco que potencie estas declaraciones de su propia alma.

LOS MIEDOS

Todos y todas los tenemos, de mayores y mucho más de pequeños. ¿Y dónde están, dónde se fundamentan? A veces, en rincones insólitos de nuestro día a día. La experiencia me ha demostrado que en ocasiones lo que parece enorme, misterioso y descontrolado, se puede gestionar simplemente con hablar de ello.

El niño y la niña, en su proceso de crecimiento, está paulatinamente tomando distancia de las personas adultas de los que depende, y este cambio le supone cierto temor, que irá superando si encuentra el apoyo que necesita en estos momentos de incertidumbre.

Pero, ¿qué pasa con las criaturas que solo tiene un pre-lenguaje o están empezando a aventurarse en el mundo de la comunicación verbal? Ellos y ellas esperan contar con algún instrumento que les permita afrontar estos miedos y angustias; la frustración de no conseguir lo que se quiere, la noche, la soledad, lo desconocido... Por eso se puede recurrir al agua como elemento de liberación, porque ofrece sus reflejos, su transparencia y sus cualidades, que se asemejan al devenir de las inquietudes del ser humano; estar y no estar, frialdad y calidez, necesitar a los demás... y así compensar esos miedos, en ocasiones irracionales, que a veces nos turban.

FRUSTRACIONES, ANGUSTIAS RENUNCIAS

Para los niños y las niñas, la sensación de no salirse siempre con su propósito o que algo tenga un final inesperado para ellos y ellas puede ser irritante e incluso doloroso. Un duelo, una separación, un cambio de hogar, las limitaciones, que se les diga "no"... Sus reacciones pueden ser variadas, entre ellas el enfado, que en ocasiones puede ser expresado de tal manera como si pareciese que algo se fractura en su interior. Y así es como algo muy pequeño puede provocar la sensación de que una parte de su intelecto se derrumba, más cuando tienen una corta edad, pues aún no están preparados para comprender, anticipar, o asociar los acontecimientos del mundo que les rodea. Pero este proceso es necesario pasarlo, una y otra vez, para crecer y evolucionar, y sobre todo, respetárselo y validarlo. El agua, llevada al estado de la manipulación e integrándola como un elemento que se escapa, puede ayudar a las criaturas a superar estos estadios aportándoles instrumentos para contenerla y también disfrutando de su movimiento, haciendo que su pensamiento se estructure hacia cambios y su progresiva aceptación. El agua fluye y se canaliza, como las experiencias en la piel y la mente de nuestros alumnos.

Fotografía: Ben Mack

LAS FASES DEL DESARROLLO FISIOLÓGICO. ALIMENTACIÓN, CONTROL DE ESFÍNTERES, EL SUEÑO

El agua como elemento revitalizante y que conlleva en sí misma las fases de la nutrición, la expulsión de desechos y la sumisión ante el sueño; puede servir para, a modo de metáfora, compararse con estas fases vitales del ser humano. A través de sencillos experimentos de manipulación, trasvase, mezclas con sustancias, juegos rítmicos…, las niñas y los niños pueden acceder a estas sensaciones previamente, substraerse a las emociones que les transmiten y compartirlas con los demás de manera natural e inconsciente. La criatura ha de llegar a controlar estos procesos sin estar cohibida, de manera voluntaria y placentera, y se le puede ayudar a comprender sus fases ofreciéndole la oportunidad de explorar las cualidades del agua a través de sus sentidos, de manera primitiva hasta ir reforzando sus conquistas, desde el interior de su cuerpo hacia el exterior, con la palabra y la comprensión madura de estos hechos. Si surgen trastornos en alguno de estos ámbitos, su abordaje desde un punto de vista calmado pero constante ayudará al niño y a la niña a recuperar su propio ritmo, como el agua al fluir en su camino.

LOS AFECTOS

¿A quién no le gusta o le ha gustado, en su tierna infancia, ser arrullado, mecido o balanceado? Cerrando los ojos y con ayuda de este apreciado elemento, como es el agua, se llega a estos recuerdos y gratificantes sensaciones. Los infantes necesitan y desean ser acogidos, enmarcados, contenidos… en unos brazos, en una tela, con una música; lo que ayuda a compartir y transferir apego, sentimientos, vínculos y relaciones.

En las primeras edades, en las que enmarcamos este ejemplo de proyecto, este es un elemento fundamental para sintetizar todas y cada uno de las estrategias metodológicas que se eligen y son necesarias para trabajar en el primer ciclo de educación infantil. El niño y la niña como individuo, necesita sentirse querido y valorado dentro de su grupo de referencia (en el hogar, en la escuela, en la sociedad en general), y, ¿por qué no reconducir la explosión de sentimientos que experimentan en sus primeros años de vida utilizando las similitudes con el agua y sus orígenes?

DE LA INTEGRACIÓN A LA INCLUSIÓN DE LA DIVERSIDAD

Sí, el agua engancha y puede llegar a romper barreras invisibles y otras más perceptibles en la complejidad de la persona. Y sí, todos y todas somos seres diferentes, únicos y especiales. Partiendo de la idea que la diversidad es universal, y no buscando lo que nos diferencia y separa, sino lo que nos destaca y une, es importante puntualizar la individualidad de cada criatura y su derecho a ser observada y escuchada de manera particular, en los diferentes ámbitos de su vida, familiar y educativo.

Aunque dentro del ámbito escolar los infantes pueden presentan diferentes necesidades, tanto de aprendizaje, sensoriales, de relación, que les puede llegar a aislar o naufragar en su trayectoria lectiva y colectiva. Ofrecerles experiencia y propuestas en las que el agua sea la protagonista puede ayudarles a retomar el ritmo que necesitan, el ritmo del tiempo, y el ritmo de sus propias emociones.

El agua es para todos y de todos, no hace falta verla para sentirla, y si no se oye, se puede percibir su pulso y movimiento al sumergirse en ella. El agua comunica, representa formas, remolinos, caminos... al caer, al atravesar obstáculos, y esto puede hacer que a aquellas criaturas que les cueste concentrarse sigan las gotas en su recorrido, y otros, que están sumidos en sí mismos puedan mirarse en ella.

> El agua puede ser una buena terapia; un hilo conductor hasta las profundidades del alma del ser humano.

Fotografía: Roegger

Es importante conseguir y dominar ciertas habilidades, aunque no tanto cuantas ni cuales, sino como se llega a ellas.

El agua puede enseñar a caminar, a afianzar las posiciones corporales, a lograr el equilibrio... A descubrir las consecuencias de los hechos, los diferentes recorridos para llegar a un fin. El agua te enseña a que necesitamos de otros para avanzar, porque una sola gota se agota, pero mezclada con muchas más, llega lejos. Pero esto puede ser en vano sino se planifica e integra en el día a día de nuestros infantes de una manera natural y accesible, no impuesta ni doctrinada. Este apreciado recurso nos ha de inspirar como maestros y maestras, e impulsas como personas, y que lo que enseñemos podamos reflejarlo en nuestras propias conductas y decisiones, ya sea una escuela enmarcada en paredes u otras abiertas al aire libre.

Fotografía: Eva Bronzini

CONCIENCIA DE CONSERVACIÓN MEDIOAMBIENTAL

El agua es un autentico elixir de la vida y ocupa mas del 70 por ciento de la superficie del planeta, permitiendo que la vida se extienda por todos sus rincones, pero, ¿por qué es tan importante el agua para la vida? Los seres vivos dependen del agua para realizar los procesos básicos del cuerpo, la digestión, los mecanismos corporales ocurren gracias a ella, la necesitamos para refrigerarnos, para respirar, para limpiarnos, etc. Además, construye los escenarios por donde nos movemos los seres vivos. Estamos rodeados por su acción y sus consecuencias.

El agua es un componente indispensable en todos los ecosistemas, siendo uno de los pilares fundamentales de la vida en la tierra.

El ciclo del agua marca los tiempos de la vida en todo el planeta. Fluye formando nubes, lluvias, nieves, ríos o mares y en cada lugar crea paisajes y ecosistemas donde se asientan los seres vivos más variados y sorprendentes.

El agua es el disolvente universal. Se cuela por todas partes cincelando cimas, cañones o cuevas.

Hay un agua esquiva que se oculta y casi pasa desapercibida porque se esconde bajo tierra formando los acuíferos que guardan la segunda reserva de agua dulce más grande del planeta después de los glaciares. Entre esa agua oculta y la humanidad existe una relación muy antigua, marcado por la necesidad y la supervivencia. El ser humano ha diseñado ingenios para abastecerse de agua cuando esta escasea, pero, ¿acaso le ha pedido permiso?

La superficie del agua es la frontera entre dos mundos. Lo que se haga en uno, repercute en el otro.

> El agua marca el ritmo de la vida. Su presencia o ausencia modifica los paisajes que se agostan y florecen según la estación y establece las pautas vitales de multitud de seres.

Los científicos han encontrado multitud de evidencias que apuntan a un cambio climático en nuestro planeta. El sobrecalentamiento de la atmósfera actúa directamente sobre el ciclo hidrológico y este sobre los seres vivos que lo habitan. Y cada vez hacemos un peor uso del agua, aunque sea el elemento imprescindible para la vida. En los albores del siglo XXI el agua esta herida, sobre su superficie se forman costras de suciedad, su interior guarda venenos y desolación, y su capacidad de generar vida, salud y belleza ha disminuido considerablemente.

Analizando todo esto, ¿qué podemos hacer con los niños y las niñas? ¿Cómo se puede traducir dentro de nuestras casas o de un aula de educación infantil?

Como muestra de ejemplo, se podría generar una conexión comunitaria de unas escuelas y centros a otros. Todos y todas queremos, pero no siempre sabemos como crear Patios Vivos (Heike Freire), en los que el espacio exterior se vincule y complemente al interior, sin miedo, con sentido y haciendo una extensión de todo lo que el contacto con la naturaleza nos da y permite transmitir. El aprendizaje está ahí, los niños y las niñas siempre quieren aprender, pues está en su seno interior, en su fuerza vital, en su impulso. Tener contacto con espacios acuáticos genera conciencia de cuidado, bienestar y colaboración, además de los beneficios fisiológicos y emocionales derivados. El papel de toda la comunidad educativa (administración, equipos docentes, servicios y familias) permite crear, diseñar, analizar y favorecer las estructuras necesarias, conectándolas con recursos del entorno cercano y facilitando una comunidad ecológica, sensible y realista.

Otra opción sería realizar un macro proyecto, no solo contando con una escuela sino con todas las que se pueda de la zona o municipio, trabajando al unísono un proyecto compartido, "Agua para ti, agua para mi"; que además de encauzar una trayectoria ecológica, también sirva para unir visiones de conservación y utilización de este recurso mediante la compartición de experiencias, actividades paralelas, proyecciones, charlas… en el que además de divertir a criaturas, estas sean capaces de comprender su importancia. Además de la interiorización de su uso, como se ha estado viendo con el desarrollo del proyecto hasta ahora, para los niños puede ser fácil integrarlo en su dinámica cotidiana a través de sus dibujos, en sus composiciones artísticas, sus juegos, sus cuentos, el cuidado de animales y plantas, en el conocimiento de diferentes entornos, el descubrimiento de las medidas de tiempo y espacio, en su alimentación… así como en su desarrollo de conciencia ciudadana. Las niñas y los niños son receptores y transmisores, y expresan sin pudor e inocentemente las injusticias y despropósitos que observan a su alrededor. Dejemos, alguna vez, que ellos nos enseñen, para que este planeta siga girando en torno al agua que lo nutre.

Recordando como en la Asamblea general de Naciones Unidas declaró el año 2013 como año internacional de cooperación en la esfera del agua, y como tal, nombrando el 22 de marzo como su día internacional y, (¿por qué no?) universal. Destacando lo que de ello se extrae en diversas notas de prensa y redes sociales:

«LA IMPORTANCIA DE LA BUENA GESTIÓN Y COOPERACIÓN ENTRE TODAS LAS NACIONES, TANTO LAS QUE CUENTAN CON MÁS RECURSOS NATURALES Y ECONÓMICOS COMO LAS QUE DEPENDEN DE LA COLABORACIÓN Y AYUDA DE LAS DEMÁS. PARA PROMOVER EL ACCESO AL AGUA, LA LUCHA CONTRA SU ESCASEZ Y CONTRIBUIR A LA REDUCCIÓN DE LA POBREZA. LA CONCIENCIA DE RESPETO POR EL AGUA PERMITE UN USO MÁS EFICIENTE Y SOSTENIBLE DE LOS RECURSOS HÍDRICOS Y SE TRADUCE EN UN RETO PARA COMPENSAR SU CONSUMO, MULTITUD DE BENEFICIOS MUTUOS Y MEJORES CONDICIONES DE VIDA, ASÍ COMO CONLLEVA UN ESFUERZO POR LOGRAR UN DIÁLOGO Y UN CONSENSO COLECTIVO PARA EL CUIDADO Y RESPETO DE ESTE PRECIADO RECURSO QUE LA NATURALEZA NOS PRESTA.»

CONCLUSIONES

Es el momento de poner el punto y seguido, que no final, a esta experiencia que me ha encantado compartir para que otros y otras la continúen y amplíen, se refuercen e identifiquen... en definitiva, ya que el agua viva desemboca allá donde la naturaleza le permite y se expande dejando a su paso también su propia escuela. A modo de carta de reflexión, o mejor dicho, recuerdo, de aquellos momentos por los que he pasado mientras escribía y dejaba, para retomar después, las líneas de este relato.

Un manantial de ideas que recorren mis pensamientos, enriquecidos por todas y cada una de las personas con las que me he cruzado en esta travesía, con las que me siento agradecida y alentada a seguir fluyendo.

Es ahora uno de estos momentos, más de diez años después de mis últimas reflexiones, que puedo decir que este proyecto ha hecho aguas muchas veces, y mi vida ha naufragado en varias ocasiones hasta encontrarme en el momento en el que me hallo en la actualidad, sin saber muy bien mi horizonte, pero si disfrutando de cada uno de los procesos de transformación vividos y compartidos durante este viaje.

DEL LLANTO A LA SONRISA

La tarea del educador y la educadora en el aula, como mediador/a emocional e intérprete de las novedosas sensaciones y estilos de actuación con las que las criaturas nos sorprenden a todos, nos permiten ser testigos de un escenario privilegiado ante el que los pequeños intervienen y manifiestan las sorpresas que el entorno escolar les regala a diario.

Por lo tanto, y echando la vista atrás durante un curso escolar, los niños y las niñas siempre tienen algo que decir, aunque no sea con muchas palabras ellos y ellas nos lo expresan y nosotros/as tenemos la misión de traducirlo, más o menos, en algo así:

«Pues aquí estamos, y parece que fue ayer cuando entramos por primera vez en nuestras clases. Esos días fueron difíciles, pero los superamos con éxito, algunos reflejábamos la nostalgia con alguna lagrimita que otra por los nuevos ritmos, costumbres, caras entonces desconocidas… pero ahora ya todo eso ha pasado y nos recreamos en otras sensaciones y emociones de alegría en los reencuentros, sorpresa con los nuevos descubrimientos, calor en los abrazos… y como no, aunque cada uno a nuestro ritmo, con mucha ilusión por explorar e investigar todas las grandes y pequeñas aventuras pasadas por agua que hemos vivido en el aula.

Somos agua, y como tales, grandes y pequeños nos hemos ido adaptando literalmente a los espacios y situaciones tal cual gotitas de agua dentro de un vaso, botella o regadera. Por supuesto, este magnífico y preciado elemento se parece mucho a nosotros, ¿o es al revés? Lo cierto es que también puede ser mágico y de gran utilidad para aprender a reconocer nuestras propias posibilidades y superar conflictos de lo más cotidiano.

A lo largo de este proyecto se nos han planteado algunos de los grandes enigmas de la vida. Cosas que aparecen y desaparecen, otras que cambian de forma y color, el hecho que tener los pies mojados a veces es muy agradable y esperar a que tus compañeros y compañeras te pasen los juguetes es mejor que hacerlo solo… Tumbados desde el suelo, a veces se ve la vida de otra manera, sino probarlo vosotros mismos, y comprobareis que los problemas son de otro color si los miras desde otra perspectiva (la de cada criatura). Algunos hemos probado a ponernos de pie y lanzar lo que teníamos a mano y ¡oh sorpresa!, flota, se hunde, se difuminan…

Pero lo que más nos gusta de todo es que nuestras familias participen y disfruten con nosotros en todas estas andanzas. Las nuevas sorpresas, y las sorpresas recíprocas, porque eso es lo divertido, que todos aprendamos de todos, ¿no?»

¿QUÉ SABE EL PEZ DEL AGUA DONDE NADA TODA LA VIDA?

Haciendo referencia a esta reflexión de Albert Einstein, y traspasándolo a nuestra vida en la escuela, es cierto que las niñas y los niños, tal cual pececitos van avanzando en sus aprendizajes, logros, expectativas, deseos… primeramente desde un pequeño charco (el aula) bien reconocido, accesible y cómodo, hasta ir atreviéndose con otros mares desconocidos, más profundos y novedosos (el pasillo, otras aulas, otras puertas, la calle).

Esa agua, es necesaria que sea investida, e interiorizada para que afiance su seguridad y autonomía, y poco a poco unos y otros vayan lanzándose a navegar y explorar otras formas de vivenciar esta agua simbólica que los rodea con olores, sabores, texturas, tiempos, imágenes, sonidos…

De esta manera, los infantes disfrutan después de acoplarse y adaptarse a las diferentes modalidades del ambiente escolar (nuevas personas, nuevas paredes, nuevos ritmos), ahora les toca a ellos y ellas conocer e intervenir sobre sus cualidades, a través de los impactos que les suponen las distintas experiencias en las que se han visto inmersos.

Porque para conocer algo hay que explorarlo, manipularlo, bucear en ello…, así los niños y las niñas se lo han pasado fenomenal descubriendo los diferentes estados del elemento agua, con imágenes, a oscuras, a través de su sonoridad, su sabor mezclado con alimentos… en las actividades y talleres que se les proponen.

El agua nos ha enseñado que se transforma, sabe reajustar su caudal, que poco a poco y con paciencia va haciéndose camino y dejando huella a su paso…, así como las niñas y los niños, que enmarcados en esta edad de cero a tres años, se encuentran en un momento evolutivo de múltiples cambios emocionales y físicos, lo que les desencadena deseos de lograr nuevos retos y habilidades y a su vez aprender a aceptar frustraciones y resolver conflictos porque necesitan unos límites que les contengan y guíen, como el agua cuando se desborda.

La culminación y representación de lo vivido y experimentado puede significar para las criaturas también "el soy, no soy, estoy, y no estoy" en definitiva, "existo, me ves, me reconozco."

Fotografía: Tony Mucci

VEO VEO, ¿QUÉ VES? EL REFLEJO DE MI INTERÉS

Si los primeros días fueron especiales tanto para las criaturas, sus familias y los educadores/as, cuando ya todos los miembros de una comunidad educativa se conocen, aquellos cambios que van surgiendo a su alrededor se aceptan con agrado.

Los infantes nos necesitan para crecer, aprender e identificarse, para descubrir, relacionarse, compartir, disfrutar y conocer lo que a otros les pasa, pues a veces resulta que es lo mismo que a ellos mismos. El bagaje de sus experiencias hace que todo se traduzca en pequeñas huellas de sí mismos, que despacito les van ayudando a interpretar el mundo que les rodea.

Durante el juego con algo tan sencillo y cotidiano como es el agua, les está enseñando a respetarla y aprovecharla en todas sus posibilidades. En las rutinas diarias de comida y aseo, durante los días de lluvia, dentro de objetos, en los cuentos... porque si nosotros somos agua que también necesita adaptarse a los cambios y espacios por los que se desenvuelve, ¿qué mejor reflejo podemos encontrar? Esto es para nosotros un elemento en el que proyectarnos, con el que dejar fluir nuestra imaginación y necesidades vitales de movimiento y relación, con el que cada uno de nosotros y nosotras iremos modelando de forma natural y libre nuestra personalidad, nuestros deseos, intereses e inquietudes.

Las niñas y los niños han ido disfrutando de las actividades propuestas compartiéndolas con sus compañeros, iniciando así un proceso de experimentación creativa y de conocimiento de ellos mismos, a modo de destellos que se proyectan en el entorno y en los demás.

Los educadores y educadoras en las escuelas, y sobre todo las familias en casa, tienen una función fundamental en la construcción de esta imagen, en la que las criaturas se ven reflejados y les sirve de imitación fiel de su personalidad.

En cada paso que damos, hay un poco de nosotros mismos y de aquello que nos hace recordar nuestro hogar, así estamos a gusto y las esperas se hacen más cortas. Somos muy afortunados de contar con todos estos recursos tan cercanos y estimulantes, por lo que no hay que olvidarse de mirarse hacia dentro de vez en cuando.

UN MAR DE PIECECITOS

Al final de nuestro viaje durante un curso, se han navegado y conquistado grandes aventuras; los niños y las niñas han crecido, han visto de cerca la magnitud del espacio, los estímulos que los rodean... aceptando también la compañía de otros que nos han enseñado el más allá de las puertas de sus casas.

Cultivando la convivencia con los compañeros/as, y lo más difícil, aprendiendo a esperar y dosificar sus impulsos, compartir los juguetes y conocer el entorno para desenvolverse por el con autonomía.

Según se avanza, la distancia se refuerza. La distancia que recorremos, la que hay con la mirada del adulto, la que experimentan al lanzar una pelota, la distancia del propio cuerpo al suelo... y todo esto les permite superar aquellos pequeños conflictos cotidianos, las renuncias, los futuros cambios y la adquisición de nuevos hábitos, que irán ilustrando su recorrido vital, salpicándolo con sonidos tan especiales como el lenguaje que durante estas edades están ensayando; y colores tan intensos como los que reflejan sus ojos al descubrir territorios nuevos.

Sus pies, intrépidos y valientes, los llevan por el pasillo de la escuela cada día. Recorriendo miles de pasos transparentes pero que les dejan una profunda huella, ya que cada vez que pasan por las clases de los mayores su interés es tal que se asoman sin temor a explorar lo que allí ven. Son un vehículo sutil que los lleva a evolucionar, cambiar, transformarse… y no hace falta andar literalmente, pues esto también lo pueden hacer con las emociones, la imaginación y su propia personalidad que los ayuda a estar preparados para continuar el proceso de crecimiento.

Principalmente, las criaturas necesitan que sus familias y las personas adultas que los rodean también estén dispuestos a tirarse a la piscina y acompañarlos en el próximo viaje que se inaugura cada día. No es muy difícil, sencillamente los infantes necesitan que se confíe en ellos, pues, aunque aún sean bajitos, están llenos de grandes expectativas, deseos y motivaciones. Si cuentan con un ancla, una vela y un timón, surcarán los mares que los esperan con seguridad, creatividad y diversión.

Y como el día a día de las niñas y los niños se va guardando en su memoria para convertirse en su propio océano pequeñito, a veces, tras tantas experiencias mágicas necesitan notar sus fronteras corporales. La realidad del límite es más evidente y natural si ponen los pies en la tierra, en el suelo, en las escaleras… aunque sentirlos dentro del agua hace que esta realidad sea también muy placentera.

CITAS Y REFERENCIAS DE VARIOS AUTORES Y AUTORAS

«EL MAR ES UNA CANCIÓN QUE CREE Y CRECE, QUE SUEÑA ISLAS ENCENCDIDAS, QUE DICE EN SUEÑOS LA OBSESIÓN DE LAS OLAS. PALABRA DE MARINERO.»

(J. V. Piqueras - La ola tatuada-)

· ·

«EL AGUA ES LA FUERZA MOTRIZ DE TODA LA NATURALEZA.»

(Leonardo Da Vinci)

· ·

«SI HAY MAGIA EN ESTE PLANETA, ESTÁ CONTENIDA EN EL AGUA.»

(Loran Eisely)

· ·

«LA CURA PARA TODO ES SIEMPRE AGUA SALADA: EL SUDOR, LAS LÁGRIMAS O EL MAR.»

(Karen Christence Blixen- Finecke)

«ORAR ES REGAR CON POZO, NORIA RÍO, LLU-VIA...PARA LLEVAR EL AGUA A LA TIERRA Y QUE SE VUELVA FECUNDA.»

(Santa Teresa de Jesús)

....

«NO PUEDES BAJAR DOS VECES EL MISMO RÍO, PUES NUEVAS AGUAS CORREN TRAS LAS AGUAS.»

(Heráclito)

....

«TODO EL MUNDO ES TAN INESTABLE COMO EL AGUA.»

(Joseph Heller)

....

«AGUA EN QUE MIL FORMAS ME ENCUENTRAS SIEMPRE MÁS LIBRE QUE LA LUZ DEL SOL.»

(Carmen Boullosa)

«A VECES SENTIMOS QUE LO QUE HACEMOS ES TAN SÓLO UNA GOTA EN EL MAR, PERO EL MAR SERÍA MENOS SI LE FALTARA UNA GOTA.»

(Madre Teresa de Calcuta)

· ·

Agua, ¿dónde vas?
Riendo voy por el río
a las orillas del mar.
Mar, ¿adónde vas?
Río arriba voy buscando
fuente donde descansar.
Chopo, y tú ¿qué harás?
No quiero decirte nada.
Yo..., ¡temblar!
¿Qué deseo, qué no deseo,
por el río y por la mar?
(Cuatro pájaros sin rumbo
en el alto chopo están.)

(F.G. Lorca)

EPÍLOGO

Absorbamos este libro como una reflexión sobre la experiencia a través del elemento agua como mediador pedagógico y potenciador del entorno-ambiente en los primeros años de vida en la infancia, y que cada cual elija como navegar en su propia agua.

¿Somos infinitos? No, afortunadamente, como el elemento agua que, hasta ahora, dentro de nuestro egoísmo o ingenuidad, creíamos que sí, pero nos ha demostrado que ha de ser cuidada y respetada, pues su energía y vitalidad procede de la fuerza de la madre naturaleza y, como otros recursos tiene un límite, aunque pasen millones de vidas antes de que esto ocurra.

Por ello vivamos el momento, el instante, el ahora. Porque ahora más que nunca, la vida se nos puede escapar entre las manos, como el chorro de una fuente.

Observar el agua nos permite disfrutar de este regalo, y como os relatamos en estas líneas, el argumento idóneo con el que trazar una bella historia dentro de cualquier contexto educativo, familiar, formal o alternativo.

Simbolizar la infancia con el universo acuático me ha ayudado a entender el pensamiento infantil, hacer un acompañamiento ajustado a cada una de sus necesidades en sus diferentes etapas y canalizar mis propias inquietudes, curiosidades y miedos.

El juego como experiencia sagrada de aprendizaje transporta a un plano espiritual para las personas adultas que lo contemplamos y /o experimentamos, siendo una recomendación sanísima de conexión con nuestro "yo niña o niño", así como a sus protagonistas en las aula, parques, playas, o salones de casa.

Sentir el susurro del agua, emocionarnos con su melancolía, escuchar sus secretos y atender a su llamada interior. Estar agradecidos/as y sentirse acompañadas/os.

«Somos agua», no lo olvidemos. Por dentro y por fuera, nos envuelve y conecta con lo que fuimos, somos o seremos. Y a mí, como experiencia vital, compartir todo lo que aquí he plasmado ha sido como lanzar pequeños guijarros en la orilla, deseando que esas hondas lleguen lo más lejos posible, a vuestros oídos, ojos, y cada palmo de la piel con la que pasáis las páginas de este libro.

GRACIAS VIDA
POR ESTA
OPORTUNIDAD.

ALGUNAS REFERENCIAS BIBLIOGRÁFICAS

Arte y creatividad en Reggio Emilia"

V. Vecchi

Ediciones Morata

Descubrir jugando

Tere Majem / Pepa Ódena

Octaedro. Temas de Infancia

Patios vivos

H. Freire

Editorial Octaedro

El juego simbólico

A. Ruiz de Velasco Gálvez - J. Abad Molina

Editorial Graó

Mensajes del agua. La belleza oculta del agua

Masaru Emoto

Editorial La liebre de marzo

Piezas sueltas: El juego infinito de crear

P. Vela

Litera Libros Editorial